SIN MANUAL

de instrucciones

TONI TORRES

SIN MANUAL

de instrucciones

Una guía para cristalizar tus sueños,
hacer que las cosas sucedan
y construir tu marca personal

OCEANO

SIN MANUAL DE INSTRUCCIONES
Una guía para cristalizar tus sueños,
hacer que las cosas sucedan y construir tu marca personal

© 2022, María Antonieta Torres Orantes

Concepto creativo: Toni Torres
Diseño de portada e interiores: Iván Misael Arias Orozco
Fotografía de portada: Iván Misael Arias Orozco

D. R. © 2023, Editorial Océano de México, S.A. de C.V.
Guillermo Barroso 17-5, Col. Industrial Las Armas
Tlalnepantla de Baz, 54080, Estado de México
info@oceano.com.mx

Primera edición: 2023

ISBN: 978-607-557-681-7

Impreso en México / Printed in Mexico

ÍNDICE

ÍNDICE

Toño y Coyo • Marissa Torres • Ale Torres • Alma Rosa García • Garcidueñas • Maribel Cristobal • Rafa d'Harcourt • Ana Mar Gándara Luis Miguel • Cristian Castro • Marco Antonio Regil • Carla Morrison Puente • Mara Almada • Angélica Echegollen • Betty Ledesma • Justino Y. Torres • Gabriela Murga • Alejandro Chairez • Sandra García • Cuata Mafer Juárez • Pepe Garcidueñas • Fernanda García • Sandra Hoffner • Ríos • Vero Bustamante • María Asis • Jorge y Martha Zavala • Lupita • Vero Piña • Elle Bechelani • Vero Martínez • Isabel Molina • Heidy Vilita Aguirre • Aldo Cano • Maite Ibarra • Stephanie Lewis • Mercedes Ordaz • Checo Cano • Edui Tijerina • Maxia Luna • Víctor Hugo Sánchez Maldonado • Abe Amaya • Alma Andrade • Alejandra Molina • Enrique Figueroa • Jackie Ronci • Connie McCluskey • Gaby Hernández • Marcos Escandón • Agustín Pizá • Mera Guinart • Karen Guindi • Joaco Barona Galicot • Karla Plotnik • Ana Lilia Cortés • Mauricio Monroy • Moni Ruiz Lorena Carreño • Vero Magaña • Lourdes Dussauge • Paulina Vieitez • • Sofía Sánchez Navarro • José Higuera • Juana Ramírez • Cristina de la Laura Austin • Joaquín Díaz • David Memun • Fany Ramírez • Óscar del • Johanna Palacio • Gil Barrera • Adri Valladares • Mauricio Candiani • • Pablo Mijares • Marcia Karam • Lorenia de la Garza • Gerardo Vergara • Lore Zamora • Liliana Nevarez • Antonina Jourdain • Manolo Ablanedo • Ana María Reynoso • Pablo Martínez • Mariana Braun • René León • • Gabriela Rodríguez B. • Maricarmen Flores • Kathia Bustillos • Nora • Ernesto Bermúdez • Catalina Irurita • Carlos Seoane • Chiquinquirá Marco A. Pérez R. • Liza Echeverría • Ale del Águila • Luis Salazar • Halina Familia Sekiguchi • Josean Barona • Ale Alamán • Marilú Chedraui • Goyo Zapata • Martha Paredes • Rebeca Solano • Alejandro Sámano • Daniela Iván Applegate • Liza María Pompa • Andrea Cameroni • Ale Ornelas • Hayek • Melissa Fresnedo • Pablo Latapí • Regina Palomar • Tatiana Rosete G. • Ro Villarreal • Sandra Aguilar • Estela Alicia López • Víctor Castro • Miriam Sommerz • David Steinberg • Cucú Estévez • Inés Moreno • Nidia Kiese • Adriana Gahbler • Sergio Gabriel • Yolanda Andrade • Edda • Federico García • Stephanie Silberstein • Issac Abadi • Shelly Galicot • Copperfield • Universidad Anáhuac • Universidad Xochicalco • UABC • UIA •

Santiago E. Greenham Torres • Mike Zarebski • Paty Torres • Lourdes • Rebecca de Alba • Hilda Tejada • Alejandro Fernández • Chayanne • • Mauricio Islas • Saúl Lisazo • Martha Debayle • Juan Carlos Paz y Compeán • Fava • Cristal Jiménez • Papá Jaime • Aldo Islas • Lic. Lina Camacho • Maxi González • Lely de la Fuente • Adriana González • Patty Acosta • Dra. Michel Martínez • Dr. Esteban González • Fernanda Unibe • Ricardo Herrera • Anny García • Lillian Valencia • Pely Guevara Fernández • Moni Ahued • Chio Aguirre • Loops Esrawe • Liz Duck • Palomar • Katia D'Artigues • Pili Palomar • Adriana Cataño • Guadalupe • Grace Castillo • Dani Lebrija • Olivia Peralta • Beatriz Acevedo • Ale Bustamante • Beatriz Pasquel • Omar Veytia • Viviana Martínez • Martha McCluskey • Melania Magoni • Frank Ronci • Matilde Obregón • Norma Luna Memun • Luis Gatica • Coco Alamán • Mery López Gallo • Rafael • Berry Navarro • Kena Serrano • Moni Cárdenas Soto • Gina Alfeiran • Israel Sánchez • Adriana Caballero • Eugenio Derbez • Diana Penagos Peña • Jaime Camil • Paulina Mercado • Luisa Serna • Lizzy Cancino • Valle • Mónica León • Sissi Cancino • Giselle Escalante • Irene García Gaby Chávez • Familia Peinado • Dr. Iván Gómez Cueva • Lilia Orantes • Liliana Durazo • Manque Granados • Enrique Tachna • Mayra Orantes • Ale Castillo • Gaby Piña • Héctor Almada • Patty Vega • Elliot Figueroa Arantxa Otegui • Machel Iragorri • Charlie de la Torre • Jorge D'Alessio Marín • Emilio Azcárraga • Tanya Moss • Raquel Bigorra • Michelle Vieth Delgado • Lina Holtzman • Yohana García • Flor Plata • Mayiya Pelayo • Unikel • Rogelio Villarreal-Cueva • Gaby González • Álvaro Trespalacios • Chedraui • Galia Rosemberg • Gerardo Castro[†] • Facundo Cabral[†] • Toya Argüelles • Jorge Obregón • Claudia Fierro • Alejandra Morales Michel • Lily Coronel • Ariz Franco • Rebeca Ballina • Ana Leticia Jiménez • Salma • Juan Pablo Manzanero • Camila Fernández G. • América Fernández • América Álvarez • Gabriela Salgado • Kirén Miret • Jennifer Góngora Patricia de Orduña • Carlos Coss • Ana Luisa Godina • Yolanda García • Castro • Adriana Garay[†] • Emilio Valencia[†] • Liz Elorza • Alessandro Stifani Oscar Plotnik • Ramón Urbano • José Ibarra • Gerardo del Villar • David UNIVA • Tec de Monterrey • Universidad de la Ciudad de Nueva York (CUNY)

Prólogo

Sin manual de instrucciones es una aventura inspiradora, una invitación a celebrar la vida, reconociendo y cristalizando nuestros sueños. Es una carta de éxito que pone al alcance de todos sus lectores herramientas intelectuales y emocionales para que las tomen conscientemente y logren la mejor versión de sus propios anhelos.

Toni Torres nos regala aquí los espacios íntimos de su propio *backstage.* Los mismos que despertaron su curiosidad, desde muy temprana edad, para conocer los secretos del éxito de muchos famosos a los que apoyó detrás de los reflectores, y donde coleccionó las voces de sus grandes maestros, empezando por la valiosa sabiduría de su padre, evidente en muchas de estas páginas.

Detrás de los escenarios, Toni Torres aprendió a distinguir su rumbo y definirse como protagonista del otro lado de la cortina. En ese lugar, sus conocimientos y experiencias cautivan, desde hace varios años, a espectadores llenos de sueños que anhelan motivación, consejos y herramientas que los guíen hacia el autodescubrimiento.

Tengo el privilegio de conocer a Toni desde hace muchos años y, sin lugar a dudas, *Sin manual de instrucciones* es resultado de la intención honesta de exponerse a la decodificación de la experiencia de su vida y regalarle al lector, en palabras cotidianas que emulan una plática amena de su autora, llaves intuitivas para la desintoxicación de los miedos, el autodescubrimiento, la autoestima, el reconocimiento de los sueños, la siembra y cosecha de aliados mediante relaciones públicas, y la certidumbre de que, con una actitud positiva, todo es posible.

Sin duda, un libro de cabecera para la lectura y consulta continua que nos recordará siempre que todos, en lo individual, tenemos el potencial de crear nuestra propia marca personal, para presentarnos en el escenario de la vida y alcanzar todo lo que anhelamos.

RAFAEL D'HARCOURT

Backstage

> *A nadie le faltan fuerzas. Lo que a muchísimos les falta es voluntad.*
>
> =Victor Hugo=

Aproximadamente a los cinco años de edad conocí por primera vez el mundo mágico del *backstage*. Era tan inquieta que, cuando me llevaron al circo Ringling Brothers, terminé conviviendo con los payasos. Ahí comenzó, sin saberlo, mi pasión por las relaciones públicas (RP) para descubrir qué ocurre tras bambalinas, adonde muy pocos pueden acceder. Fueron tantas las ganas de comerme al mundo y los deseos de cristalizar mi sueño que mucho después, en 1990 (con escasos 23 años), Luis Miguel me contrató para ser su publirrelacionista. ¿Cómo llegué a trabajar con el cantante más importante de América Latina y a experimentar todos los elementos que conforman la vida privada del artista, el *backstage*, las giras, las conferencias de prensa, los clubs de fans, los VIP, los detalles, los secretos, las relaciones con medios, políticos, empresarios, embajadores, reporteros, fotógrafos, para construir una reputación que conservo hasta la fecha y que continúa abriéndome puertas?

CONFIANDO Y CREYENDO
en mí

Es casi imposible lograr el equilibrio y ser feliz si careces de confianza en tus propias cualidades, habilidades y talentos. Así lo entendí desde muy chica. Recuerdo que a los 13 años me gustaba leer la revista *¡Hola!*; hojeaba las páginas y observaba las fotografías de personajes que disfrutaban de un mundo glamuroso. "¿Qué hay detrás, en la vida privada de los famosos, que es inaccesible para millones de personas?", me daba mucha curiosidad saber.

Un día le dije a mi papá con convicción, señalando imágenes de un evento en Mónaco: "Algún día voy a estar ahí". Él volteó a verme y contestó: "Uy, hijita, no sé cómo le vayas a hacer, porque yo soy arquitecto y no conozco a nadie del medio del *jet set*". No me importaba; estaba convencida de que mi sueño lo haría realidad, sólo tenía que esperar la *gran oportunidad*.

Con el tiempo, Tijuana, la ciudad donde he pasado la mayor parte de mi vida, se hizo muy pequeña para mí. Deseaba ver el mundo en pantalla IMAX 3D, vivir en un escenario más grande, así que cuando se me presentó la oportunidad de ampliar mis horizontes, la aproveché y decidí estudiar Relaciones Turísticas Internacionales en la Ciudad de México. Sin embargo, al sexto semestre me di cuenta de que la universidad no me guiaría a donde anhelaba

estar. Hice grandes amistades con las que me gustaba relacionarme, pero faltaba esa chispa que detonara el potencial que traía por
dentro. Recordaba la magia y la pasión que había vivido unos años
antes, cuando contemplé de primera mano todos los ingredientes de la magia del *backstage*: el montaje, ensayo, representación
y desmontaje de un *show*. Me trajo tal felicidad el recuerdo, que
repetí lo que le había dicho a mi papá años antes: "Yo quiero trabajar con los famosos; voy a trabajar con ellos". De nuevo, no tenía
certeza del cómo ni del cuándo, pero la idea me emocionaba tanto
que sabía que pasaría. Lo decreté, lo compartí, lo deseé, lo visuali-
cé, lo puse en el universo. Sólo era cuestión de tiempo.

Mi oportunidad llegó en 1986. Seguía en la capital del país
cuando me buscaron por una recomendación para trabajar con
David Copperfield como su publirrelacionista y traductora personal. Al principio pensé que se trataba de una broma, pero después
de recibir varios mensajes en casa de mi tía, me comuniqué con
el mánager de David y casi me voy de espaldas al enterarme de
que era verdad. Brinqué de emoción: sólo tenía 19 años y trabaja-
ría con...

¡EL ILUSIONISTA MÁS FAMOSO DEL MUNDO!

Mi sueño se estaba convirtiendo en realidad. Me aventuré así, sin
conocer absolutamente *nada* del mundo del entretenimiento ni
de relaciones públicas, con miedos, incertidumbre y sentimientos
encontrados, pero con toda la energía, seguridad, determinación,
mentalidad positiva y, sobre todo, la *actitud* de dar lo mejor de
mí, de crear mi propio destino. Tomar ese riesgo me abrió puertas

inimaginables. Me entregué a mi trabajo como si me pagaran millones, cuando en realidad lo hacían con boletos para el *show*. No era relevante: estaba viviendo mi sueño y me entregaba a él dando mi 150%, siempre dando lo mejor de mí.

Allí conocí a Hugo López, en ese entonces director artístico del Centro de Espectáculos Premiere, en donde se presentaba Copperfield. Hugo vio cómo, durante varias temporadas, trabajé con el ilusionista: con determinación y tenacidad; también mis inmensas ganas de aprender, mejorar y forjarme un nombre; mi capacidad para resolver y hacer que las cosas sucedieran. Aunque en ese momento lo desconocía, mi desempeño, entrega, confianza y compromiso abrieron la puerta más valiosa que marcaría mi vida y mi carrera para siempre.

Sin embargo, en el camino siempre hay obstáculos. Así es la vida: nos pone pruebas para sacar la casta. Mi primer desafío se presentó en 1989 cuando mi papá me regresó a Tijuana para trabajar con él en su despacho de arquitectura. Después de dos días, renuncié. "No me gusta esto, no lo disfruto, no es para mí", le dije con toda la honestidad del mundo. Comprensivo, me dio uno de los consejos más valiosos que he recibido: "Lo que vayas a hacer, hijita, hazlo con toda la *pasión*, y que sea algo que te guste porque es *para toda tu vida*. El oficio o profesión al que quieras dedicarte siempre hazlo excelentemente bien. Cuida tu prestigio. Busca una oportunidad".

Yo quería tener mi propia identidad, no ser la "hija de...", sino alguien con sello propio, construir mi *marca personal*. Así que toqué

**TOCA MUCHAS PUERTAS,
AL FINAL**
una se abrirá.

la puerta del Comité de Turismo y Convenciones de Tijuana (Co-
tuco). Gracias a que años antes había trabajado en una agencia
de viajes, conocía a su presidente, William Yu. Lo llamé y me citó
para entrevistarme. Recuerdo haber llegado puntualmente, un
poco nerviosa, pero segura de que algo bueno saldría de esa oportunidad. Me preguntó qué sabía hacer. Muy segura de mí misma
respondí: "Sé solucionar", y lo demostré.

William me dio la responsabilidad de coordinar la Feria de las
Californias, lo que aproveché para desenvolverme en lo que me
apasionaba. Activé mi relacionista pública interna; le di la vuelta
a lo tradicional de una fiesta del Teatro del Pueblo; me apoyé en
una cadena de radio; hablé con disqueras, donde nadie me conocía, para que me apoyaran con los cantantes que estaban en
campaña de promoción de sus lanzamientos. Empecé a marcar mi
propio camino: hacía que sucedieran las cosas, le sacaba 26 horas
al día, y nadie era capaz de detenerme. La adrenalina que experi-
mentaba al estar en el campo me hacía *vibrar*.

Coordinaba todo lo relacionado con la feria. Para la apertura logré que participaran los paracaidistas que hicieron los aros
olímpicos de Seúl. Una de mis primeras "misiones imposibles"
fue conseguir que nos prestaran un avión caza de la Fuerza Aérea
Mexicana para el evento. Por supuesto que levanté la mano para
aventarme del paracaídas con los expertos, una de las mejores experiencias extremas que he tenido.

No conforme con la coordinación, busqué una nueva oportunidad. Le propuse al empresario del palenque hacer sus relaciones
públicas con los artistas sin cobrar a cambio de que me diera boletos para ir a las presentaciones. Empezaba a descubrir el valor de

construir una relación de trabajo. Esto me dio acceso al piso ejecutivo del hotel donde se hospedaban cantantes como Yuri, Juan Gabriel, Lupita D'Alessio, Rocío Dúrcal o Emmanuel, por mencionar algunos.

Durante 25 días, el hotel se convirtió en mi base de operaciones. Para mi sorpresa, el 29 de agosto de 1989, Luis Miguel estaba en el piso ejecutivo. Solo en la barra, me observaba mientras yo estaba en constante movimiento. Me mandó llamar y, después de un ir y venir de mensajes con el mesero del piso, accedí a platicar con él. "¿A qué te dedicas?", me preguntó; le contesté que trabajaba en relaciones públicas. Su siguiente pregunta fue: "¿Y con quién has trabajado?".

Ahí saqué mi mejor carta: "¡Con David Copperfield!". Asombrado, inmediatamente me preguntó: "¿Conoces a Hugo López?". "Sí, claro." Allí aparecerían los frutos de mi trabajo anterior: Hugo sabía cómo hacía yo las cosas, me había visto en acción un par de años antes.

Ese octubre, Miki regresó a Tijuana y me buscó para que fuera por él al aeropuerto. Me dio mi primera misión al pedirme que consiguiera 25 lugares en primera fila de su concierto, y *lo logré*. De ahí... lo demás es historia. Sin muchos conocimientos de RP, pero con todas las ganas de aprender, en diciembre cerré la negociación para ser parte del equipo del cantante más famoso de América Latina. Entré al mágico mundo del entretenimiento y las relaciones públicas con el pie derecho, por la puerta grande, y aprendí a aprovechar cada momento de esa oportunidad.

Crecí como persona y profesionista; utilicé todas y cada una de las herramientas que había adquirido a través de los consejos de mi familia y de la lectura de libros de desarrollo y liderazgo, para aplicarlas en el campo en el que me estaba desenvolviendo. Se detonó lo que ahora represento en el mundo de las relaciones públicas, lo que soy como mujer y como profesional. En mi vida hay un antes y un después de Luis Miguel. Hubo cientos de subidas y bajadas: en el camino descubrí cómo sí detener un avión, cómo sí abrir a deshoras un aeropuerto en el extranjero, cómo sí mantener un secreto de Estado, cómo sí ganarme la confianza del artista, cómo sí hacer que las cosas sucedieran.

A la par de mi trabajo con Luis Miguel, era asistente personal de Hugo López, que en ese entonces era el presidente de Televisa Argentina, presidente de Televisa Peruana, socio de don Emilio Azcárraga Milmo, director de Protele y *mánager* de Luis Miguel, lo que me convirtió en una hacedora, una *doer* hecha y derecha.

Desarrollé una mentalidad de campeona, experta en solucionar los desafíos que se presentaban *todo* el tiempo y en ser una máquina imparable, como un tractor Caterpillar. Esas experiencias, la educación de mis padres, los libros, los consejos de mi papá, de mis amigos, de mis mentores y los de varios maestros formaron a quien soy hoy.

Nadie me dijo: "Aquí está tu manual de instrucciones, así se solucionan las cosas, así es la vida real o así se ejercen las relaciones públicas de un artista". Mi responsabilidad era cuidar la imagen del talento, construir una relación a largo plazo, ser la mejor RP, y en eso me concentré. Cuando se presentaban circunstancias a las que no me había enfrentado antes, descubría sobre la marcha cómo reaccionar, cómo activar mi sentido común para resolverlas.

Di el primer paso para profesionalizar las relaciones públicas en el mundo del entretenimiento.

En el caso de Miki, hice una larga lista de todo lo que él disfrutaba, desde la comida, los lugares especiales que le gustaba visitar, sus postres favoritos, sus actividades preferidas, etcétera. También empecé a llevar un registro de los cumpleaños de gente clave alrededor suyo, de lo que coleccionaba cada periodista, de sus invitados especiales a todos los conciertos. Cuidaba cada detalle. Utilicé la información de todo aquello que me ayudara a siempre ser *excelente* en mi desempeño. En muy poco tiempo me gané su confianza y me convertí en su cómplice.

Estas acciones tuvieron un *efecto dominó*: me permitieron tener acceso a un mundo inimaginable, forjar mi reputación, ganarme confianza, respeto y credibilidad para fortalecer mis relaciones con jefes, empresarios, embajadores, periodistas, artistas, cantantes, actores y muchas personas más, a quienes en su mayoría afortunadamente aún conservo como amigas.

Ése fue el inicio de una carrera que ha sido fascinante y de la cual estoy profundamente enamorada. Comenzó como un sueño inalcanzable para muchos, pero alcanzable para mí, porque siempre he estado convencida de mi determinación, capacidad y actitud mental positiva. He tenido la fortuna de trabajar con artistas de la talla de Alejandro Fernández, Chayanne, Cristian Castro, Marco Antonio Regil, Jaime Camil, Saúl Lisazo, Joaquín Sabina, Alberto Cortez, Paco de Lucía y Facundo Cabral, por mencionar algunos.

Actualmente soy asesora en el área de relaciones públicas, comunicación, mercadotecnia e imagen; conferencista; escritora;

mentora; coach en autoestima; coach de talentos; asesora de empresarios, corporativos, organismos, fundaciones. Además, continuamente participo en programas de radio y televisión, promoviendo el bienestar emocional y la importancia de lo que llamo las *relaciones públicas conscientes*, y para divertirme un poco, produzco y conceptualizo eventos nacionales e internacionales. Todos estos logros son resultado de mi *pasión* por lo que hago, de una constante preparación y de mi fuerza de voluntad.

La vida me ha enseñado que el mañana no está asegurado, que sólo existe el aquí y el ahora. Por eso es importante no postergar las cosas para cuando se tenga dinero, tiempo, los hijos crezcan... Sin importar la situación en la que nos encontremos, si le ponemos enfoque, disciplina, constancia, actitud y pasión a todo lo que hagamos, siempre se puede lograr.

El año 2020 fue un ejemplo de esto. El mundo se sigue enfrentando a una crisis humanitaria que ha cambiado *todos* los paradigmas con los que habíamos estado viviendo hasta la fecha. La pandemia del covid-19 ha afectado nuestra visión del mundo, de nuestras actividades y de nosotros mismos. Como un acto de supervivencia, nos hemos visto obligados a permanecer en aislamiento, alejados de la comunidad, invirtiendo nuestras prioridades. El trabajo se puede realizar a distancia; algunas actividades dejaron de ser importantes; la salud es lo primordial, y la labor interna es el motor que nos mantiene a flote todos los días. La perspectiva ha cambiado, y estamos viendo con lupa lo que el ser humano realmente requiere para trascender. En el capítulo "Siempre hay una luz al final del túnel" te contaré cómo cambió ese año mi vida y la de mi familia.

> "ESTAMOS VIVIENDO UN LLAMADO DE ATENCIÓN, ES NUESTRA RESPONSABILIDAD *atenderlo o ignorarlo*"

Depende de *ti* aceptar el desafío, tener una *actitud positiva* y comenzar con el cambio interno que se reflejará en cada uno de los aspectos de tu vida. Comienza por darte la oportunidad de conocerte, de aceptarte y de ser el único responsable al 1,000% de tus acciones. Sé consciente de lo que piensas, de lo que crees y de lo que haces, de la historia que te cuentas, porque esos elementos tienen siempre un efecto dominó. Reconoce lo que no te hace bien y emprende el camino hacia la superación de todo lo que no te permita ser una mejor versión de tu persona. Haz lo *correcto*, no lo que te dé popularidad. Sé un *agente de cambio*.

Si se te presentan situaciones que piensas que no puedes manejar, escribe en papel lo que te pasa, pide ayuda, levanta la mano, acércate a la persona en quien más confianza tengas. Las telarañas mentales impiden que logres lo que te propones, por eso hay que quitarlas de en medio. Lo que no se vale es quejarse y responsabilizar a otros de lo que te pasa. Recuerda, una vez más, que *tú* eres el único responsable de tus acciones, comportamientos y resultados. *Nadie más.*

Para triunfar en el ámbito personal y profesional es necesario confiar en ti, prepararte, tener la mejor disposición para resolver situaciones complejas de manera creativa, aprender a comunicarte, a relacionarte contigo mismo para hacerlo de la mejor manera con los demás, trabajar en equipo, ser honesto, tener claro tu proyecto de vida y, en especial, estar *en paz*. Sé amable, empático, comprometido, aporta algo nuevo y de valor todos los días. Fortalece los *valores* en casa, gánate el respeto de los demás y siéntete orgulloso de quien eres.

Sobre todo, define cuál papel quieres desempeñar en este mundo:

El espectador es el que se sienta en la banca para ver a la gente pasar y criticarla, por lo que su propia película nunca empieza. Observa y juzga el camino de otros; no tiene un *propósito de vida*. Pausa su existencia para vivir a través de otras personas, sobre quienes generalmente tiene una influencia nula o negativa.

El mediocre es el que consigue la energía para levantarse de la banca y echarse a medio andar, pero actúa sin objetivos. Cree que cumple con todo más o menos o medianamente, se queda dentro de un límite por comodidad, con miles de excusas para no moverse de ahí. No quiere *arriesgarse* ni le entusiasma la vida. Se *conforma* con vivir sin emoción, en una rutina sedentaria; nada le interesa o, si acaso, le interesa muy poco. La mediocridad, aunque común y aparentemente inofensiva, se convierte en un hábito que invade todos los aspectos de su vida. Sucede porque no sabe qué quiere o no está dispuesto a luchar. En consecuencia, desarrolla malos hábitos. Su pensamiento es *poquitero*, se conforma con lo que hay.

En cambio, *el protagonista* es quien toma completamente las riendas de su vida y actúa en su propia película. Busca cómo *sí lograr* las cosas. En su diccionario no existen excusas ni pretextos.

Entrega su 150%. Busca ganar ese anhelado Oscar al mejor actor o actriz. Se prepara *todos los días*, aprende algo nuevo, se junta con personas que aportan algo a su vida. No es a quien todo le sale perfecto, sino quien, en cada paso, lidia con el fracaso, los desafíos, el día a día y las responsabilidades que esto implica.

Te invito a ser el protagonista de tu propia historia. Tus pensamientos y comportamientos son *clave* para lograrlo, así como lo es el desarrollar una actitud mental positiva.

El propósito de este libro es muy sencillo: compartir mi historia para apoyarte en tu camino a la realización, para que encuentres el *sentido* de tu vida, veas desde otra *perspectiva* tu mundo y cristalices tus sueños más anhelados. Todo lo que está escrito aquí es producto de mis experiencias en más de 36 años de estar en el campo de las RP y el coaching, aprendiendo de mis caídas, mis logros, mis fracasos, mis éxitos, mis errores y mi actitud mental positiva.

Nadie nace con un manual de instrucciones. Enfrentarse a la vida con una receta escrita haría todo más fácil, pero no funciona así. Te propongo aplicar ciertos principios básicos que harán una diferencia sin importar la etapa en la que te encuentres. *Sin manual de instrucciones* te dará las *herramientas de poder* necesarias para sentirte mejor, resolver situaciones desafiantes, prender tu GPS interno y mantenerte firme en el camino que elijas para tu plena realización. Es la base de mi filosofía de vida, lo que he aprendido en este andar, el pilar de mis conferencias, lo que me ha funcionado a mí y a miles de personas con las que he compartido lo que sé.

Estoy segura de que, al leerlo, te caerán algunos veintes para redirigir la brújula de tu vida. Los conceptos, acciones y consideraciones que enumeraré, traducidos a ingredientes, son parte de la receta que te guiará a tener una vida plena. Todo está conectado y cada elemento tiene un propósito: si cumples con algunos y con otros no, te quedarás a medio camino.

Mi intención es que utilices este libro para que construyas una vida en excelencia; te conozcas mejor; descubras ese ser único que tiene un gran potencial; pulas ese diamante que llevas dentro de ti; te vuelvas observador de tus acciones y comportamientos; seas feliz; escribas y plasmes en papel todo lo que quieres, cómo, cuándo y de qué manera lo lograrás; tomes las riendas de tu vida; no te rindas; dejes de postergar; te actives, y no te quedes en la rayita. Recuerda que la vida es un momento, y ese momento es *ahora*.

Estoy segura de que todo lo que te propongas lo vas a lograr. Confío en que encontrarás el equilibrio en tu vida. Deseo que cada uno de tus sueños se cristalice y que día a día, con tus acciones, construyas lo más valioso:

TU PROPIA HISTORIA.

¡Sueña, ama
y atrévete!

¡Haz tus sueños realidad!

01

Deja de comportarte como si la vida fuera un ensayo. Vive como si hoy fuera tu último día. El pasado ya no existe, y el futuro está por crearse.

=WAYNE DYER=

Que *nada* te detenga

"¿Cuál es tu sueño?", suelo preguntar en mis conferencias. Es muy común escuchar respuestas de este tipo: "Que mis hijos sean felices; ganarme la lotería; encontrar al príncipe azul; ser feliz...". He impartido más de mil conferencias, y casi siempre obtengo las mismas respuestas.

Esto me ha hecho comprender que poca gente sabe lo que realmente significa tener un sueño. La razón es que desde pequeños no nos enseñan su verdadero significado. Crecemos con la creencia de que hacer realidad un sueño es tener la casa más grande, el coche del año, el reloj o la ropa de moda...

Así, el primer paso para cristalizar un sueño es entender qué es:

> ES TODO LO QUE TE MOTIVA, TE ILUSIONA, TE DA ENERGÍA, TE LEVANTA DE LA CAMA, TE HACE VIBRAR, TE MUEVE DE TU ZONA DE CONFORT. ES AQUELLO QUE SACA LO MEJOR DE TI Y LE DA UN VERDADERO *sentido a tu vida*

Un sueño es un proyecto que puede parecer imposible, porque no tiene límites; es desear algo que va a dejar un legado, que impactará en tu vida, en tu entorno y en el mundo.

Un sueño inspira a otros. Existen personas que los hacen realidad a pesar de sus condiciones físicas o económicas y crean historias ejemplares. La capacidad física, mental y emocional del ser humano es la manifestación de Dios en el mundo, por lo que debemos aprovechar los talentos y dones que recibimos.

Un ejercicio que me gusta hacer para recordarme que los sueños se pueden realizar es ver películas o casos de la vida real. La historia de Kodi Lee, un jovencito con autismo y ceguera que audicionó y ganó en *America's Got Talent*,* además de ser conmovedora,

* Puedes ver el video en esta liga: youtu.be/2jS07j4mL-0

nos recuerda que todo es posible si crees en ti mismo, eres persistente y te apasiona lo que haces. Es la historia de un sueño realizado; es una historia de inspiración, un ejemplo de que *sí se puede* a pesar de cualquier adversidad que la vida te presente.

Otra pregunta que hago en mis conferencias es: "¿Quién tiene un sueño que quiere cristalizar?". La mayoría levanta la mano, pero muy pocos saben qué quieren en realidad y están dispuestos a apostarle todo para cumplirlo. El primer paso es saber qué quieres, qué te mueve, qué te apasiona.

Imagina que te preguntan: "¿Adónde quieres ir hoy?", y respondes: "Adonde sea", o te dicen: "¿A cuál restaurante se te antoja ir?", y contestas: "Al que sea", o te vuelven a preguntar: "¿Qué se te antoja comer?", y dices: "Lo que sea". Seguramente llegarás adonde sea, yendo al restaurante que sea, comiendo lo que sea. Así sucede también en todos los aspectos de la vida. Si no sabes lo que quieres, si no sabes adónde quieres ir, si no tomas acción y decides descubrirlo, serás como un barco a la deriva: acabarás haciendo lo que sea, llegando adonde sea, y el único responsable serás tú. Recuerda que todo tiene un efecto dominó.

Por ello, es fundamental tener *una visión clara* de tu sueño.

Desde muy chica supe que quería trabajar con los famosos. No sabía cómo ni cuándo sucedería, pero era un deseo de mi corazón y estaba dispuesta a hacer lo necesario para lograrlo. Como siempre he sido muy inquieta, mi papá me dio la opción de empezar a trabajar a los 15 años. Después de buscar, me dieron mi primera oportunidad en la agencia Viajes Muratalla. Me enseñaron a usar el telefax —en ese entonces no existía la tecnología actual—, a ser vendedora, a dar atención al cliente y a perderle el miedo a las llamadas telefónicas a otras agencias y aerolíneas. Aprendí a hacer reservaciones para los vuelos y los hoteles; el abecedario aeronáutico, que utilizo aun hoy en día; a cumplir con un horario y los tiempos de las reservaciones; a tratar con la IATA, la asociación que rige a todas las agencias de viajes, y a ser paciente. Ganarme mi propio dinero me hizo sentir muy orgullosa.

Lo más relevante fue que aprendí a *solucionar los desafíos* en el camino y comprendí la importancia y el valor de *las relaciones*. Rompí mis propios límites, enfrenté mis miedos y descubrí las capacidades que tengo para resolver las situaciones que se me presenten. Pude haberme quedado sentada, cumpliendo mis funciones sin esfuerzo, pero me di a la tarea de buscar la mejor atención para el cliente, de levantar el teléfono para convencer a quien me contestara de solucionar y de ver la manera de cómo sí hacer que las cosas sucedieran. Por ejemplo, cuando llegaba un cliente importante que quería viajar en temporada alta, contactaba a alguien del aeropuerto o de la línea aérea para que me apoyara. Agradezco que mi papá me diera la oportunidad de desenvolverme; fue lo mejor que pudo haber hecho porque, sin saberlo, ese primer trabajo fue el inicio de mi sueño, ya que me dio las herramientas que utilizaría más adelante.

Repito: lo más importante es ver *con claridad* lo que deseas, aun cuando no sepas qué camino tomar. Las oportunidades se te presentarán siempre y cuando no te detengas y utilices los tropezones y aprendizajes a tu favor.

Yo creo ciegamente que tener un sueño es una motivación que te levanta de la cama en las mañanas, te impulsa a hacer todo lo necesario día tras día y aclara el para qué y los porqués. Tiene que ver con el *cambio*, el descubrimiento o el desarrollo de algo nuevo o diferente. Es un deseo que *te quema* por dentro, algo como "quiero ser el mejor chef", "quiero ser el mejor cirujano", "quiero descubrir la cura contra el cáncer o el covid-19", "quiero cambiar mi ciudad con el reciclaje". Hay un inmenso abanico de sueños por hacer realidad; la lista es *interminable*.

Un ejemplo notable de un gran soñador es Walt Disney, quien imaginó un universo de dibujos animados: ahora millones de personas visitan parques llenos de todas sus fantasías. Él vive en las sonrisas de niños y adultos que se maravillan al ver los edificios y los personajes, y escuchar sus historias. Puede ser que alguien más haya soñado con algo parecido a Disneylandia, pero sólo Disney se empeñó en darle forma para hacer realidad su sueño. Trabajó en el *cómo*, *cuándo*, *dónde*, *por qué* y *para qué*. Tenía muy claro lo que quería. A pesar de haber fracasado varias veces, de que incluso en una ocasión lo despidieran de su propia empresa, logró cristalizar su sueño. La película *Walt, el soñador* trata sobre la historia real de este gran personaje y es muy recomendable.

Existen miles de personas que se esfuerzan, que se levantan todos los días con una intención de vida, que poseen en su interior una fuerza tan poderosa que superan cualquier circunstancia que se ponga en su camino. Todas sus acciones están alineadas con esa visión: visitan lugares relacionados con su interés, buscan a personas que han logrado lo que ellos quieren, hacen el bien a los demás, leen libros que los ayudan a comprender mejor lo que necesitan aprender. Su vida se carga de sentido porque cada día vale la pena; cada actividad que llevan a cabo es un pequeño paso que los acerca más a lo que inevitablemente pasará: cumplir lo que sueñan.

MANOS A LA OBRA

¿Te gustaría tener claridad de pensamiento? Te comparto esta técnica que no falla.

Escribe siempre en papel tus pensamientos. Te dará mayor claridad y podrás verlos desde otra perspectiva:

- Escribe cuáles son tus sueños.
- Enuméralos por orden de prioridad.
- Lee en voz alta cada uno.
- Cierra los ojos y visualízalos.
- Diseña un plan de acción para cumplirlos.

Repite esto todos los días. TOMA ACCIÓN.

Otro punto importante es que los objetivos y las metas son diferentes, pero se mezclan tanto que a veces se confunden y ocupan el espacio de los sueños. Un *objetivo* implica acciones medibles a corto plazo para cumplir con un propósito. Una *meta* es a donde se quiere llegar a largo plazo y se logra gracias a los objetivos. Los *sueños*, en cambio, son flexibles, puedes alcanzarlos de muchas maneras, pueden durar años cocinándose, no tienen fecha de caducidad. Yo he cristalizado sueños 14 años después de visualizarlos una y otra vez.

Por ejemplo, si estás en el último año de preparatoria, un *objetivo* sería terminar la carrera universitaria en medicina, y una *meta* sería trabajar y aprender del mejor médico cirujano. En cambio, un *sueño* sería ser un médico cirujano reconocido internacionalmente. De esta forma, las metas y objetivos que nos imponemos construyen el camino hacia nuestro sueño.

Si somos *perseverantes*; si evitamos quedarnos en la rayita; si somos *constantes, dedicados, disciplinados*; si tenemos la *determinación* de un águila; si desarrollamos la *tolerancia*, la *paciencia*, el *sentido común*, el *compromiso*, la *disciplina*; si nos *enfocamos*; si tenemos buena *actitud*; si educamos nuestra mente para pensar *en positivo*; si eliminamos los *miedos*; pero sobre todo si hacemos las cosas con *amor, fe, gratitud* y *pasión*, cualquier sueño se puede hacer realidad. ¿Son muchos ingredientes? Sí, se necesita eso y más. Recuerda:

> **TODO ES POSIBLE HASTA QUE PIENSES LO CONTRARIO.**

Michael Flatley, bailarín, flautista y coreógrafo, conocido por reinventar la tradicional danza irlandesa al incorporar nuevos ritmos y movimientos, cocreó el famoso espectáculo *Riverdance*,* para luego innovar en solitario con *Lord of the Dance,* en una manifestación personal y artística de su genio. A los 39 años rompió

---

* Puedes ver un video suyo en esta liga: youtu.be/fcN6773arK8

su propio récord mundial al hacer 35 *taps* por segundo. Flatley se recuperó de muchos contratiempos a lo largo de su carrera y se mantuvo en pie, porque su pasión era más fuerte. *Eligió* la realización: hacer lo que realmente ama. Su lema ha inspirado a miles de personas: "Nada es imposible... sigue tus sueños". Michael se tuvo que retirar después de varias lesiones, pero su visión, confianza y enfoque le permitieron dejar un gran legado en el mundo. En lo personal disfruté muchísimo cada uno de sus espectáculos que tuve oportunidad de ver en vivo. Me parecía increíble ver la sincronización, pasión, actitud y entrega al 1,000% de los bailarines en cada una de las presentaciones. Sus giras rompieron récord de asistencia en todo el mundo.

Ésa es la vida que todos nos merecemos: sentirnos afortunados por hacer lo que nos apasiona. ¿Por qué la mayoría no lo hace? Porque vaga sin rumbo y tiene miedo de buscarlo, porque no sabe adónde lo puede llevar esa búsqueda, porque hace lo que *todos* hacen, porque se ocupa de lo que piensan y dicen los demás. Si a ti te preocupa lo mismo, te diré la solución: empieza hoy por enfocarte en tus propios sueños.

Profesiones y oficios hay miles. Cada día surgen nuevas maneras de ganarse la vida y de aportar a los demás con nuestro trabajo. Descubre lo que más te gusta, no lo que otros quieren para ti. *Busca, busca y busca hasta encontrar.* Esto requiere un trabajo de introspección muy profundo; sin embargo, la recompensa no tiene precio. Escribe, escribe y escribe. Esta técnica te apoyará a tener claridad.

Si comparas dos imágenes, una borrosa y otra nítida, es obvio que podrás distinguir más la segunda. En la primera verás formas confusas, mientras que en la segunda podrás responder qué es, cómo es y a qué se parece. Lo mismo pasa con tus sueños: para definir el trayecto, debes verlo con absoluta *precisión* y *claridad*.

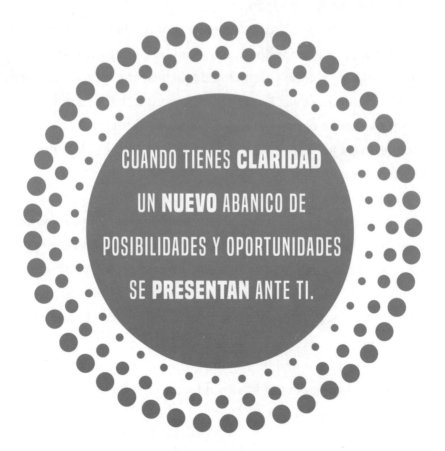

CUANDO TIENES **CLARIDAD** UN **NUEVO** ABANICO DE POSIBILIDADES Y OPORTUNIDADES SE **PRESENTAN** ANTE TI.

02

El poder de
elegir

Todos tenemos un poder especial: la
facultad de elegir.

=Og Mandino=

L a vida es un gran buffet en el cual cada uno elige qué quiere
y cómo lo quiere. Imagina una larga mesa donde, en lugar
de comida, hay actitudes, emociones, sentimientos, valores
y responsabilidades. Se ofrecen alegrías, tristezas, desafíos, éxitos, fracasos, responsabilidades, compromiso, lealtad, enojo, fe,
amor, tiempo, malos y buenos hábitos, perseverancia, distraccio-
nes, constancia, actitud, rencor, perdón, armonía, vicios, disciplina, enfoque, visión, sueños, pensamientos positivos y negativos,
determinación, oportunidades, respeto, confianza, autoestima,
optimismo, paciencia, tolerancia, pasión, creencias... Una gama
completa sólo para ti. Tienes el poder de elegir las opciones que
prefieras en este gran menú que ofrece la vida.

No importa si estás en el último año de la preparatoria o en
el primer día después de haber firmado un divorcio o de haberte
jubilado, al término de tu carrera universitaria o en el final de una

relación sentimental de muchos años: tienes un tiempo determinado en este mundo y debes decidir qué hacer con él.

> ENCONTRAR EL SENTIDO DE TU VIDA COMIENZA CUANDO *eliges buscarlo.*

Quita el piloto automático, tómate un largo respiro y reconoce cada día las nuevas oportunidades que la vida te brinda. Una manera de hacerlo es realizar diariamente este pequeño ejercicio de gratitud.

TIEMPO DE REFLEXIÓN

Sin importar las circunstancias en las que te encuentres —en una situación difícil o privilegiada—, al comenzar cada día cierra los ojos y repite en voz alta cinco cosas por las que estás agradecido. Detente en cada una de ellas y piensa en cómo han cambiado tu vida.

El poder del agradecimiento te abrirá muchas puertas. Te permitirá enfocarte en lo que tienes y no en lo que careces. Por ejemplo, busca una causa para apoyar. El servicio a los demás te llenará de gozo el corazón. Si cambias la vida de una persona, aunque sea por unos instantes, le das esperanza de vida.

Yo crecí en una familia rotaria. Desde pequeña, aprendí a dar y a compartir con los más vulnerables. Llevo tatuado el lema rotario: "Se beneficia más quien mejor sirve". Por eso estoy convencida de que hoy es el momento de cambiar de actitud, elegir ser más responsables, más comprometidos, más leales, más tolerantes, más pacientes, más optimistas, más honestos, más apasionados, más empáticos, más resilientes, más íntegros. La lista de todo lo que podemos mejorar es interminable. Nadie es perfecto, y qué aburrido sería que todos lo fuéramos, ¿te imaginas? Saber que no existe la perfección te ayuda a viajar más ligero. Si estás esperando a que tu entorno sea el adecuado para actuar, estás perdido. La gente vive postergando sus sueños para el día que tenga dinero, para cuando sus hijos crezcan, para cuando sea el momento adecuado... No hay un tiempo ideal para tomar decisiones, porque todos los días lo haces y tienen un efecto dominó. El *hoy* es todo lo que tienes: ¡aprovéchalo!

Cuando terminé la preparatoria, decidí estudiar la licenciatura en Derecho. Durante mis vacaciones me iba de pasante a los tribunales. Como mis tías son abogadas, pensé que ése sería el camino más fácil.

Sin embargo, al entrar a la universidad supe que esa profesión no era para mí, así que después del primer año de estudios decidí dejarla. Podría haber seguido adelante para complacer a mi familia o por sentimiento de culpa, ya que tenía todos los semestres pagados, pero no lo hice, porque debía tomar la mejor decisión *para mí*. Siguiendo el consejo de mi padre, busqué una carrera que tuviera materias afines a lo que me gustaba hacer, y así me aventuré a estudiar Relaciones Turísticas Internacionales en la Ciudad de México. Ahí me pasó algo similar: me di cuenta de que lo mío no era el salón de clases. Mis ganas de comerme el mundo y luchar por mis sueños tenían más peso que un título que jamás ejercería.

TIEMPO DE REFLEXIÓN

• Escribe tres decisiones de las que te sientas orgulloso.

_____

_____

_____

• Escribe tres decisiones de las que te arrepientas.

_____

_____

_____

¿Qué aprendiste de cada una de ellas?

_____

_____

_____

Hay quien piensa que no pasa nada si elige una carrera que no le guste, pero la verdad es que *sí pasa*, y mucho. Ir a la universidad no fue el deseo de mi corazón, sino una expectativa social que cargaba en los hombros: DEBÍA TENER UN TÍTULO. Hoy no me arrepiento de haberla dejado para dedicarme a lo que realmente quería hacer, como cuando comencé a trabajar con David Copperfield. Tomé mis propias decisiones ante ese gran buffet: hacer lo que realmente me apasionaba. Afortunadamente siempre conté con el apoyo de mi familia.

Cada una de nuestras elecciones define nuestra transformación, y cada día se presenta una nueva oportunidad para ser la persona que quieres ser, no la que "debes" ser.

Si te gusta bailar, ¿por qué estás cantando?

Hago esta pregunta en mis conferencias precisamente porque he conocido a muchas personas que dejan sus sueños truncados por pensar que nunca los van a lograr. Si algo realmente te apasiona, mueve cielo, mar y tierra para lograrlo. No tengas miedo de tomar una decisión. Hay quienes han cumplido sus sueños a los noventa años. ¡Nunca es tarde! Cargar con un equipaje de frustraciones solamente te enfermará. Recuerda: el tiempo no se detiene. Todos los habitantes de este planeta tenemos las mismas 24 horas para invertirlas como decidamos. Lo digo una vez más:

TOMA ACCIÓN.

CUIDADO CON **LOS MIEDOS** QUE SE ROBAN **TUS SUEÑOS.**

Habrá mucha gente que te sugiera qué debes tomar de ese buffet de la vida. Pueden ser personas que te quieren mucho, familiares, amigos o tu pareja, pero la decisión final es tuya y de nadie más. No vas a seleccionar lo que ellos desearían, sino lo que consideras mejor para ti. Si te equivocas, aprenderás de esa vivencia. Equivocarse no es malo, perder el rumbo tampoco; ya lo veremos en otro capítulo. Lo importante es mantenerte en constante movimiento. Esas experiencias te enseñarán a poner más atención y a elegir con más cuidado.

Durante mi trabajo con David Copperfield me enfrenté a múltiples desafíos. Me encontraba en un mundo de hombres, por lo que la gente me etiquetaba o inventaba historias que no eran ciertas. Muchas personas me quisieron meter el pie por envidia o se acercaban a mí por conveniencia, por ser la traductora y RP del ilusionista del siglo. Como me veían muy joven, intentaron engañarme varias veces. En una ocasión, alguien me dijo que era un empresario muy importante, para que le permitiera pasar a *backstage* y tomarse la foto con Copperfield. Lo logró, y sólo muchos años después me enteré de que no era quien decía ser. Situaciones como ésa ocurrían todo el tiempo, y si bien me equivoqué un sinfín de veces, todos esos aprendizajes los apliqué en mi vida y en mis futuros trabajos.

Entonces nadie me conocía, así que tenía que encontrar la manera de *cómo sí* lograr reservaciones en restaurantes de lujo o tener acceso a la zona VIP en las discotecas de moda. Nunca me quedé estática o paralizada; pensaba cómo lo resolvería y actuaba en consecuencia. Por ejemplo, un día David me dijo: "Vamos a bailar al Magic Circus", que era la discoteca más importante del momento. Inmediatamente hablé con el DJ del lugar, que era mi amigo, para explicarle con quién iba. Me dieron el acceso. Ya después se acercó el dueño, y logré asegurar la entrada con o sin David. Así empecé a conocer a las personas clave para mi trabajo.

Siempre he creído en mí, en mis capacidades; está en mi ADN. Trabajar con Copperfield fortaleció mi confianza y me permitió establecer excelentes relaciones con todo el equipo que sigo conservando, gracias al respeto, la credibilidad, la confianza mutua, el compromiso y la reputación que he construido día a día.

No importa si te equivocas o temes elegir mal. El fracaso no sucederá mientras actúes y vayas por tus sueños: todo es aprendizaje y te prepara para lo que sigue.

CONFÍA
(TODO ES POSIBLE)

Cada paso que des para crecer tanto en lo personal como en lo espiritual, por muy pequeño que sea, es un GRAN paso y debes aplaudirlo, porque todo comienza por dejar atrás lo que te ha anclado, incluyendo aquellas experiencias que te costaron mucho dolor. Vivir en el pasado sólo te quitará energía y te mantendrá en un estado estático. Dale la vuelta completamente a esa página de tu vida y comienza a escribir una nueva.

Tú eres quien ha decidido estar en el lugar en que te encuentras, consciente e inconscientemente. Por lo mismo, tú eres quien puede cambiar el rumbo. La voluntad es el primer paso para hacer un verdadero cambio. Una vez que lo has decidido, es momento de hacer una PAUSA para reflexionar sobre el sentido de tu vida, de descubrir, escuchar y encontrar las respuestas a tus actitudes, resultados y comportamientos. La autoobservación es una de las técnicas de mayor éxito en las personas que realmente quieren transformarse interna y externamente. Te permitirá desintoxicarte de emociones, sentimientos, resentimientos, actitudes y comportamientos que por costumbre has adquirido, que quizá ya no tienen cabida en tu mente ni en tu corazón y que te impiden disfrutar como realmente te lo mereces.

Si el gran buffet de opciones de la vida tuviera un tiempo limitado, ¿te detendrías por miedo a equivocarte o escucharías el llamado de tu corazón? ¿Tomarías en cuenta la opinión de otras personas o seguirías tu intuición? Piensa: si te quedara UN DÍA DE VIDA, ¿qué harías?, ¿adónde irías?, ¿a quién llamarías?, ¿a qué te dedicarías?, ¿de qué te arrepentirías?

──── TIEMPO DE REFLEXIÓN ────

- Escribe en papel diez momentos que recuerdes que sacaron la mejor versión de ti.

_____
_____
_____
_____
_____
_____
_____
_____
_____
_____

- Escribe cuál es el legado que has construido.

_____
_____
_____
_____

- Escribe tres ocasiones en las que has dejado a un lado a tu persona por complacer a los demás y los porqués de estas decisiones.

_____
_____
_____

ENFÓCATE EN LO QUE QUIERES LOGRAR *HOY*;
DA UN PASO A LA VEZ, PERO DALO.

DIBUJA TUS MIEDOS. DALES FORMA.

RECUERDA:

¡todo es posible!

Incluso lo que está escondido en el fondo de tu corazón y ves muy lejano es importante y posible. Si tienes dudas, un secreto es distinguir entre lo que quieres y estás dispuesto a buscar, y lo que no; entre lo que es y no es negociable para ti. Precisamente descartar las posibilidades que te disgustan es lo que más ayuda, porque te enfocas en las que te agradan. Por supuesto, esta distinción no sólo debe partir de la razón, sino de la experimentación, para conocerte y elegir mejor.

Este consejo también aplica para las personas: es fundamental tener claro si no quieres una relación conflictiva, o amistades tóxicas, o rodearte de personas que hacen o dicen cosas que te lastiman, que te restan; y entonces debes asumirlo y actuar en consecuencia.

Yo quería trabajar con artistas de diferentes géneros musicales. Eso me hizo rechazar ofertas por cuestiones de ética y porque las propuestas entraban en conflicto con mis sueños trazados. Sabía qué elegir en cada caso, porque tenía claridad con respecto a lo que deseaba lograr.

Hoy digo con orgullo que he logrado cristalizar mis sueños. Ahora sé que quiero impartir conferencias, salir en la tele, grabar mis cápsulas, ser mentora, producir eventos, tener un programa de radio, dejar huella e inspirar a las personas para que sean una mejor versión de sí mismas.

Haciendo una introspección sobre mi vida, muchas veces me sentí perdida, sin encontrar el sentido, sin objetivos claros: olvidé la importancia de soñar y, lo más importante, pasé por alto lo que realmente quería para mí. Todo eso me hizo sentir que perdía la brújula interna.

Después de liberar mi frustración, enojo, desesperación y un sinfín de emociones que estaba experimentando, recordé un consejo que mi sabio padre, hace muchos años, compartió conmigo y lo puse en práctica: "Cuando no sepas adónde dirigirte, cierra los ojos y regresa a esos momentos en los que realizaste una actividad que te hizo muy feliz". Te aconsejo que tú también lo hagas y lo escribas en papel para que te dé claridad.

¿Qué te hace sumamente feliz?

Esta pregunta me la hago muy seguido, sobre todo cuando me siento abrumada. Con ella recuerdo actividades, sueños y momentos de felicidad. Empiezo a pensar que quizá me estoy desviando de mi propósito y no puedo ver con claridad todo el panorama.

En los últimos años me he encontrado con viejas y nuevas amistades que sienten que han perdido la brújula de sus vidas por diversos motivos: un divorcio, la pérdida de un familiar, una mudanza, un cambio de trabajo, una ruptura. Es normal sentir que el rumbo por donde hemos llevado nuestra vida no es el que queremos. Por eso es importante hacer una pausa y determinar hacia dónde vamos, qué queremos para nosotros y lo más importante: qué estamos haciendo o qué debemos hacer para lograrlo. Si dibujas una brújula y la diriges hacia donde quieres llegar, tendrás más claridad de tus ideas, pensamientos y emociones.

SIEMPRE HAY UNA LUZ AL FINAL DEL TÚNEL, POR MUY OSCURO QUE LO VEAS.

EL **UNIVERSO** TE PONE

DONDE DEBES **APRENDER**

En tus marcas, listo, ¡fuera!

Una vez que descubras qué quieres y estés dispuesto a ir por ello es mucho más fácil identificar la mejor opción para ti. Como en el buffet, en la vida no puedes abarcarlo todo. Optar por una actividad a la que le vas a dedicar tu tiempo debe ser una decisión consciente. Es cierto que puedes equivocarte, pero hay una realidad tangible: *el tiempo es oro* y, con cada día que pasa, se acaba.

Piensa, ¿qué papel desempeñas en tu vida? ¿El de espectador, mediocre o protagonista? Tienes libre albedrío: tú escoges cuál quieres interpretar. Replantea tu proyecto de vida y escribe un nuevo capítulo donde tú seas el protagonista.

──────── TIEMPO DE REFLEXIÓN ────────

Escribe el papel que tienes en tu vida, sin justificarte y aceptando la realidad. A partir de que lo tengas claro, sin juicios, comenzará el camino hacia tu realización.

- Pregúntale a tu persona de mayor confianza qué papel observa que ocupas en la vida. Presta atención y pon manos a la obra para darle un giro a ese rol que seguramente no quieres desempeñar.

Se vale decir no

> *Las piedras de los cimientos para un éxito*
> *equilibrado son la honestidad, el carácter,*
> *la integridad, la fe, el amor y la lealtad.*
>
> =Zig Ziglar=

Desde que nacemos, la palabra *no* se convierte en una compañera de vida. Nuestros padres, abuelos, maestros la utilizaban para señalar lo prohibido o como castigo, por lo que aprendimos a darle un valor negativo.

Por otro lado, culturalmente nos enseñan que negarse a alguna petición de los otros es descortés, aunque vaya en contra de nuestros propios deseos, así que con frecuencia terminamos haciendo promesas que nos agobian.

Continuamente conozco personas que al no saber decir "no" se meten en situaciones difíciles, porque terminan llenando su agenda con más compromisos de los que pueden asumir. Esto les impide avanzar, ya que el tiempo y la energía que tienen se agotan en los demás y no queda nada para ellos mismos. Ahí es cuando suelen sentir que el mundo se les viene encima.

Ahora, después de 36 años de carrera, he aprendido que debemos tratar a los demás como nos gustaría que nos trataran a nosotros, con honestidad y amabilidad; que está permitido decir "no" sin una actitud agresiva, ya que no se está haciendo nada malo, y que si decidimos aceptar, nos corresponde asegurarnos de cumplir nuestras promesas.

Más adelante hablaremos del valor de mantener nuestra palabra y pagar nuestras deudas.

Recientemente rechacé ejecutar un evento con mi cliente Six Flags México para el lanzamiento de una nueva atracción. Junto con mi equipo, analizamos la idea puesta en la mesa por un tercero y, después de darle muchas vueltas, no estábamos convencidos de que la dinámica elegida funcionara con las bondades del parque, así que lo tuve que soltar. Escribí una carta donde les agradecí haber pensado en mí para el proyecto, pero por primera vez en casi veinte años de relación con ellos, tenía que declinar. Son mis clientes de años, y les debía mi opinión más sincera y honesta.

Aprender a decir "no" implica mucho más que negarte a algo: es respetarte y respetar tu trabajo, visión, tiempo y espacio; es ejercer abiertamente tu libertad de elección; es ser *honesto* contigo y con los demás, lo que te ayudará a iniciar y mantener relaciones interpersonales de confianza, basadas en el respeto mutuo y la sinceridad. De esto se trata la vida: de construir relaciones.

MANOS A LA OBRA

Escribe un plan de acción para optimizar tu tiempo. Compara tus objetivos con las actividades que realizarás en los próximos días. Si no estás convencido de realizar algo o te distraerá de tus objetivos, date permiso de "no" y cumple lo que más necesitas.

Seguramente te ha pasado que por pena dices "sí" a todo y, de repente, te encuentras en un laberinto sin salida. A veces, por necesidad o por confusión, aceptas propuestas que no te convienen. Si es alguien de confianza, te dejas llevar por eso o porque piensas que las oportunidades no se pueden desaprovechar, ¿cierto?

Falso: *no todas las ofertas son buenas, aunque lo parezcan.*

No obstante que alguna oferta pueda resultar tentadora, si sabes que no va contigo, es mejor negarte por tu propio bien. Sé honesto todos los días con los demás y contigo mismo. Haz lo correcto, no lo que te dé popularidad. Eso hablará de tu integridad.

Cuando trabajé con Luis Miguel, muchas personas me ofrecieron dinero para que les diera asientos preferenciales en los conciertos. Podía haber aceptado para ganar dinero extra, pero jamás cedí, porque no estaba en mi escala de valores y debía respetarme a mí misma. Si lo hubiese hecho, me habría traicionado y hubiera roto la confianza que estaba construyendo con el equipo y con Miki. Ésos son los límites que hay que poner en lo personal, profesional, académico, negocios...

Por otra parte, y aunque la palabra *no* es clave para saber negociar y respetar nuestro tiempo y valores, también hay algunos "no" que deben estar fuera de tu vocabulario:

- No sé
- No puedo
- No me lo merezco

#TipsToniTorres

1. Negarse no es malo; aprende a negociar.
2. Pregúntate si lo que te están pidiendo lo quieres hacer o no.
3. Tómate unos minutos (o unos días) antes de responder a ofertas o peticiones.
4. Considera si tienes el tiempo para hacer lo que te piden.
5. Sugiere una alternativa; busca un punto medio.
6. Sé honesto y amable, pero no entres en detalles.

MANOS A LA OBRA

1. Lee un libro que alimente tu alma. Algunos que te sugiero son *La búsqueda*, de Alfonso Lara Castilla; *El monje que vendió su Ferrari*, de Robin Sharma; *Yo soy Malala*, de Malala Yousafzai; *El vendedor más grande del mundo*, de Og Mandino; *El poder del pensamiento positivo*, de Norman Vincent Peale
2. Ve una película que te inspire.
3. Medita.
4. Regálate treinta minutos al día *para ti*.
5. Ríe, llora, llama a alguien con quien hace mucho no hablas, haz algo que dejaste de hacer por pena o porque sentiste que no tenía sentido hacerlo, toma una clase divertida.

Diagrama para la toma de decisiones

Antes de tomar alguna decisión importante, pregúntate: "¿Cuál es mi estado de ánimo?". Utiliza este diagrama para identificarlo. Si te sientes mal, temeroso, enojado, disgustado o sorprendido, profundiza en el porqué de esa emoción. Si por el contrario, te sientes feliz o tranquilo, tendrás CLARIDAD para elegir la mejor opción para ti.

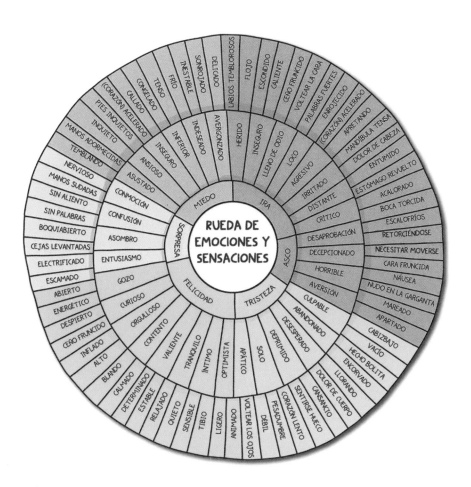

Prende tu GPS
interno

03

La clave para iniciar algo es dejar de
hablar y ponerse a realizar.

=Walt Disney=

magina que estás de viaje. Lo único que llevas contigo es una maleta pequeña. No traes celular, computadora, ni nada que te distraiga; sólo este libro es tu compañía. Anhelas recorrer esa ciudad o pueblito que tanto has soñado. Para llegar ahí, rentaste un coche del año. Tomas tu rumbo, enciendes el GPS, pones tu destino y, en ese momento, te percatas de que no sirve, que no te da la dirección adonde quieres ir. ¿Cómo te sentirías?, ¿cuál sería tu primera reacción?, ¿qué acciones tomarías?, ¿cómo activarías tu plan B o C? Escribe todas estas preguntas en un papel y respóndelas con calma.

La intención de este ejercicio es que te percates de que así como en un viaje es importante conocer tu destino y activarte para encender tu GPS, cuando hablamos de los sueños es fundamental encender tu GPS interno y tener claro qué quieres, conociendo tus fortalezas, tus sueños, tus prioridades. Recuerda que tienes un gran potencial. Es momento de ir estirando, salir de tu zona de seguridad y concretar con pequeños pasos cada uno de tus propósitos.

Crecí escuchando de mi papá que LA VIDA ES UNA CARRETERA. Cuando pasé a la secundaria me dijo: "Ya que creciste y te convertiste en una persona más responsable —¡sólo tenía 11 años!—, debes saber que hay gente que irá delante o detrás de ti". Así que entendí que no debía correr ni competir, sino ir a mi paso. Ésta es una gran filosofía, herencia de mi papá, que adopto para mi vida diaria: deja de correr, encuentra tu propio ritmo y avanza, porque a pesar de las circunstancias que se presenten, todos llegaremos al mismo destino, a un cierre de ciclo.

Habrá quien vaya a una mayor velocidad que tú y que ni siquiera disfrute el camino, a quienes se les ponche la llanta, quienes cumplan su sueño más rápido, quienes fracasen o ganen la lotería, quienes se salgan de la carretera o se detengan a observar un atardecer, quienes se volteen o, incluso, pierdan la vida. Al final, lo importante es saber que tú eres responsable del volante, controlas y determinas la dirección de tu destino. No tiene sentido tener prisa; es más valioso tener buena actitud para sortear las piedras en el camino y entender que cada uno tiene su propio ritmo. No importa quién llegue primero, porque no es una carrera. El destino que elijas es el lugar en el que tienes que enfocar tu atención, y la velocidad debe estar basada en lo que te sirve a ti, en lo que pretendes lograr. Sí, la vida pasa y TOMAR ACCIÓN es fundamental, pero también lo es tomar decisiones a partir de TI, no en relación con lo que piensen los demás.

" AUNQUE LA **META** ES COMÚN PARA TODOS,
el destino es diferente
para cada uno. "

Actívate

Escribe todo lo que has dejado de hacer por lo que piensen, opinen o digan los demás. Cuando tengas la lista completa, repite en voz alta: "A partir de hoy, yo soy quien decide, elige y toma acción sobre mis sueños. A partir de hoy, no le daré el poder a ninguna persona, porque el poder está dentro de mí".

Cuando regresé a Tijuana después de haber trabajado con David Copperfield y comprendí que no podía dedicarme a algo que no me hiciera feliz, encendí mi GPS interno. Empecé a fortalecer mi marca personal como Toni Torres, relacionista pública; me movía como pez en el agua, resolviendo, sin dormir, dando mi 150% todos los días, haciendo que las cosas sucedieran. En resumen: activé una mente de campeona.

Después de 25 días de que había comenzado la Feria de las Californias, me avisaron que un empresario muy importante asistiría con veinte amigos al show de Juan Gabriel. No había lugares; entonces tuve que activarme y hacer todo lo posible para que el promotor me diera los boletos. Llegó el día, y fui pasando uno por uno a los invitados. De pronto, me dijo uno de ellos: "Oye, tú, ¿dónde me vas a sentar?". "Arriba", contesté. "Ah, pues vamos", respondió, y todos empezaron a subir. Le aclaré que estaba esperando al empresario, a lo que afirmó: "Soy yo". Ahí comprendí que las cosas se acomodan en el momento adecuado, para estar con la persona adecuada.

A partir de entonces, entablé una amistad con este gran personaje de la industria televisiva. Con esto quiero decir que no importaba si conocía o no a la persona en cuestión: si me pedían algo, lo que fuera, yo veía la manera de solucionarlo, pidiendo el favor, hablando con los encargados o con quien fuese necesario. No aceptaba un *no* como respuesta. Ese trabajo fue el trampolín que me impulsó hacia mis sueños. Ahí conocí a Luis Miguel, y todo se inició porque encendí mi GPS interno, que marcó la dirección hacia la que debía apuntar.

El GPS interno es la luz que nos guía para tomar las riendas de nuestro destino. Encenderlo implica ir hacia dentro, descubrir el potencial que tenemos como seres humanos. Esto te ayudará a no estar en pausa y avanzar en la vida, a encontrar la motivación para abandonar el estado estático y buscar lo que quieres, para no moverte por inercia, sino por interés. Es importante ser muy precisos: saber la dirección y dirigirte hacia allá. Solamente *tú* eres quien puede decirte a ti mismo, con toda seguridad, tu destino.

Tu GPS interno funciona con tu energía, tus ganas de avanzar, tu fuerza de voluntad. Sacúdete la actitud de zombi. Evita quejarte de que no tienes lo que quieres si no estás dispuesto a hacer *lo necesario* para cambiar tu vida.

¿Cómo prender el GPS interno?

Todos tenemos una vocecita interna que nos susurra a qué debemos prestarle atención para conseguir nuestros objetivos y cristalizar nuestros sueños. No todos tienden a escucharla cuando nos habla de nuestros talentos y capacidades. Hay gente que posee dones, pero que no los conoce porque aún no ha tenido la oportunidad de desarrollarlos, ya que no ha tenido el valor de prender su GPS interno.

¿QUIÉN ERES?

" *¡Eres <u>único</u>*
Y PUEDES ALCANZAR LO QUE TE PROPONGAS! "

Si estás presionado emocional o económicamente, si estás en un trabajo o en una carrera que definitivamente no te está funcionando, levántate y busca. Ponle en la dirección algo que te apasione.

BUSCA. Cuando enciendas el GPS dentro de ti, sucederá magia, empezarán a aparecer opciones. La magia la creas tú. Está *dentro de ti.*

TIEMPO DE REFLEXIÓN

- ¿Estás en donde quieres estar?
- Del 1 al 10, evalúa cómo te hace sentir estar ahí.
- ¿A dónde quieres llegar?
- ¿Qué te apasiona?
- ¿Qué te detiene para cristalizar tu sueño?
- ¿Qué estás dispuesto a hacer para materializarlo?
- ¿Qué estás haciendo hoy para llegar ahí?

Prender tu GPS es un paso clave para encontrar el sentido de tu vida, para recorrer el camino hacia tu realización, para no quedarte estático esperando algo que no va a llegar. Acepta tu realidad y, sobre ella, empieza a trazar un plan de vida. Sal de tu zona de confort y busca aquello que te haga feliz. Cuando te motiva algo de verdad, haces hasta *lo imposible*, rompes esquemas, cambias tus hábitos, tomas decisiones: te mueves en una dirección. A mí me funcionó.

¿QUÉ QUIERES DEJAR

COMO LEGADO?

MANOS A LA OBRA

- ¿Qué lugares debes visitar?

_____

_____

_____

- ¿Cuál es el círculo de amistades del que te debes de rodear?

_____

_____

_____

Elige las metas u objetivos que contribuirán a alcanzar tu sueño. Escríbelos. Firma la hoja, comprometiéndote contigo mismo a realizarlos.

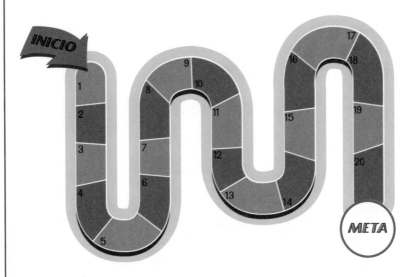

04

Cambia de
switch

En lo que piensas, te conviertes. Lo que sientes,
lo atraes. Lo que imaginas, lo creas.

=BUDA=

El hombre es el producto de sus pensamientos.
Se convierte en lo que piensa.

=MAHATMA GANDHI=

hora que ya activaste el GPS que te recuerda la dirección de tu vida, te invito a cambiar tu switch para eliminar las telarañas mentales de las historias que te haces, las expectativas que creas, las creencias que tienes sobre algún concepto... en fin: los pensamientos negativos que no te permiten avanzar y evolucionar. *No puedo, no tengo, no me alcanza, no es posible, no sé, no hay manera, no tengo tiempo, no lo lograré...* Éstos son pensamientos que en automático anclarán tus sueños y metas y te limitarán a seguir obteniendo los mismos resultados y quejarte de que nada te sale bien.

Para obtener lo que buscas hay que empezar por transformar tu manera de pensar. ¡Esto es mucho más sencillo de lo que imaginas! El primer paso es creer en ti todos los días. Cuando lo hagas, podrás comprender la importancia de eliminar de tu vocabulario palabras negativas, y de tu mente, pensamientos que solamente sabotean tu vida.

> **SI CAMBIAS TU FORMA DE PENSAR SOBRE TI MISMO, CAMBIARÁ EN AUTOMÁTICO TU ENTORNO Y LO MODIFICARÁ POSITIVAMENTE.**

La pandemia del covid-19 transformó la forma en que experimentamos el mundo. Nos puso en una pausa obligatoria, de modo que ahora nuestros sueños pueden parecer más lejanos y las oportunidades, escasas; sin embargo, aun en una situación así, lograr lo que te propongas es posible. En momentos de crisis es cuando hay más posibilidades. Depende de ti cambiar de *switch* y aprovechar las herramientas que están a la mano para lograr tus objetivos. Esto hará tu vida más sencilla y sana, tanto espiritual como emocionalmente.

Imagina que fuiste a consulta con un nutriólogo y te pide que reduzcas las grasas de tu alimentación. Lo mismo sucede con tus pensamientos: descarta lo que te está paralizando para que puedas dar pasos firmes y te sientas más ligero; de esta forma, conseguirás *libertad*. Date la oportunidad de valorar el potencial que se encuentra dentro de ti. No importa que te equivoques, porque en ese caso habrás aprendido una lección que te hará más fuerte y sabio. Si te arriesgas con sabiduría, no tendrás manera de perder.

Cambiar de switch implica estar abierto a lo nuevo, a lo inesperado, y sobre todo significa ser humilde y confiar en ti mismo para que, pase lo que pase, puedas levantarte y construir tu propia realidad. Yo entendí que, a pesar de las circunstancias y de que no puedo controlar los factores externos —como el clima, el temperamento de las personas o el que los demás no sigan las reglas sanitarias—, la vida sigue, el tiempo no se detiene y cada segundo, cada minuto, tienen un gran valor.

Desde 2019 tenía en mente hacer un proyecto con la intención de compartir, por medio de entrevistas en un foro presencial itinerante, experiencias de personas que han forjado una sólida marca personal con esfuerzo, tropiezos, fracasos, triunfos. Se trataba de reunir a personajes que han hecho un cambio en nuestro entorno; expertos que, a pesar de cualquier circunstancia de vida, hicieron sus sueños realidad.

En un dos por tres me reactivé, me reinventé y cristalicé un sueño más: PRTalks. Este foro virtual ha contado con mucha aceptación. He tenido entre mis invitados a amistades a quienes admiro mucho, tanto por sus logros como por su calidad humana, entre ellos al experto en diseño de campos de golf Agustín Pizá; Alma Rosa García, CEO de Great Place to Work México; Beatriz Acevedo, productora, creadora de contenidos y reconocida internacionalmente por su trabajo; Ale Castillo, emprendedora y CEO de la quesería La Vaca Feliz; Jorge León, abogado especialista en entretenimiento y pateador de futbol americano, el único mexicano que a sus 41 años de edad logró jugar en la National Arena League como parte de los Predators de Orlando; Mercedes y Pilar Palomar, creadoras de Lady Multitask; el astronauta José Hernández; Manolo Ablanedo, "La Mojarra", responsable del branding de Grupo Fisher's; el presentador Marco Antonio Regil; Norma Escandón, empresaria, creadora de la marca Cuarentonas y Felices; Rina Gliter, sobreviviente de cáncer, fundadora de Fundación Alma; Tanya Moss, diseñadora de joyas; Joe Bonilla, *starmaker* y RP; los magos Joe y Moy; Kirén Miret, productora de *Shark Tank* y *Master Chef*. Le di la vuelta a los miedos y a la incertidumbre, cambié de switch, me enfoqué en avanzar y dejé de ponerle atención a tantas noticias que me estaban intoxicando en todos los sentidos. Tú puedes hacer lo mismo.

En Viña del Mar, el festival de música más grande e importante en América, fue mi primera prueba de fuego como publirrelacionista de Luis Miguel. Nunca había viajado con un artista ni experimentado un evento de ese calibre. Conocía aún muy poco del medio, nunca había redactado un boletín de prensa y no sabía ni por dónde empezar. Me sentía como si un tsunami me llevara de un lado a otro sin tener de donde agarrarme. Por un momento quise renunciar; sin embargo, siempre que esos pensamientos pasaban por mi cabeza, cambiaba mi switch y recordaba la gran oportunidad que tenía frente a mí, que creía en mis capacidades, que era perseverante y persistente. Quedarse en la rayita no era una opción, así que adopté la mejor actitud mental positiva y seguí adelante. Fue una de las mejores experiencias de mi carrera. La adrenalina al estar en acción es indescriptible, y de esto se trata la vida: de encontrar lo que te mueva y te haga sentir vivo.

#TipsToniTorres

1. Haz un inventario de todas tus cualidades.
2. Durante un día completo anota cuántas veces mencionas una palabra negativa.
3. Una vez que tengas en papel tu lista de palabras, intenta modificar esos pensamientos para volverlos positivos. Algunos ejemplos:

   - No puedo → Lo voy a lograr
   - Creo → Estoy seguro de que
   - No sé → Voy a investigarlo
   - No es posible → Todo es posible
   - Es muy difícil → Tengo la capacidad de lograrlo

4. Toma el desafío de pensar, leer, hablar y escribir en positivo durante 21 días.

Activar el amor propio es el primer paso para cualquier tipo de crecimiento. Recuerda: eres único e irrepetible. En este mundo no existe nadie, *absolutamente nadie*, igual a ti.

Cuando descubres el verdadero amor hacia tu persona, tu entorno y las situaciones que vives cambian de color: te sientes mejor, con más fuerza, seguridad y ánimo. Los pensamientos son el motor de tu vida; por ende, hay que inyectarles "gasolina positiva" para obtener mejores resultados e ir eliminando, poco a poco, esas telarañas que construyes a diario sin darte cuenta. Recuerda que eres un generador de pensamientos, y cada uno tiene un efecto dominó. Cuando tienes la apertura de entender que en ti está el cambio, todo se vuelve diferente. Tu forma de pensar se convierte en tu realidad.

> **"VISUALÍZATE COMO UNA PERSONA SEGURA DE TI MISMA. LIBÉRATE DEL JUICIO PERSONAL. ACÉPTATE *tal como eres.*"**

Te recomiendo que confíes en tus capacidades, comprendas la importancia de eliminar de tu vocabulario palabras negativas, y de tu mente, los pensamientos que solamente sabotean tu vida, porque afectan la forma en la que te sientes y te comportas.

El hábito de pensar negativamente sobre ti te lleva a una baja autoestima y falta de confianza. Realiza una actividad diferente, algo que te haga sentir muy bien. Enfócate en ti.

> *Cambia tus pensamientos y cambiarás tu mundo.*
> NORMAN VINCENT PEALE

TIEMPO DE REFLEXIÓN

Te recomiendo hacer este ejercicio en una cartulina para que puedas visualizarlo en grande. Utiliza un marcador negro y uno rojo.

- Haz una lista de los logros que has alcanzado, los más que puedas recordar. Todos tienen un valor y cuentan por muy pequeños que sean, aun si crees que no tienen importancia.
- Ponle un número y una foto representativa a cada uno. Sé creativo. TODOS CUENTAN. Algunos ejemplos: haber terminado la preparatoria, ser contratado para tu primer trabajo, pasar el examen de la universidad, terminar con una relación tóxica, finalizar un curso, cambiar de empleo, iniciar una rutina de ejercicios, modificar hábitos de pensamiento, vencer algún miedo.

Muchas veces no nos creemos nuestros propios logros, por eso es importante reconocerlos y sentirnos orgullosos de ellos.

Te mereces el reconocimiento.

Tus pensamientos, tus resultados

Conseguir grandes cosas requiere de perseverancia, claridad, esfuerzo, estudio, trabajo, disciplina, compromiso, pasión, dedicación y *actitud positiva*. Este último es el ingrediente principal que le da sabor a tus días y te ayuda a alcanzar lo que te propongas; es la llave que hace la diferencia ante cualquier circunstancia que se te presente. Ante los momentos difíciles, que ponen a prueba tu forma de reaccionar, puedes elegir si le sonríes a la vida y enfrentas lo que venga o sufres por lo que te sucede y te mantienes estático. Está en ti darle la vuelta a cada situación.

Mi actitud determinante y el hecho de enfocar mis pensamientos hacia mis sueños me han acompañado durante toda mi vida. Así como alguna vez, sentada en el sillón, le dije a mi papá que algún día estaría en Mónaco, años después mi sueño se convirtió en realidad cuando Luis Miguel me pidió que lo acompañara a los World Music Awards en el Club d'Sport de Montecarlo. Entonces conocí el mundo del jet set. Nunca me imaginé que compartiría la mesa con la princesa Estefanía o que conocería de cerca al príncipe Alberto o que bailaría en la misma pista con Luis Miguel, Grace Jones, Don Johnson, Melanie Griffith, Mecano, Ringo Starr y Brigitte Nielsen. Fue una experiencia única, mágica e inolvidable.

TU ACTITUD DETERMINA TUS RESULTADOS. SI CAMBIAS TU ACTITUD, SIN DUDA ALGUNA CAMBIA TU ENTORNO.

Seguramente has escuchado infinidad de veces que los pensamientos positivos dan resultados positivos, y en efecto, sí los dan y se presentan de una manera MÁGICA.

TUS ACTITUDES POSITIVAS
te darán resultados positivos.

No hay fórmulas secretas, sólo métodos que te pueden ayudar en el proceso de adoptar el hábito que marque la diferencia en cómo enfrentas los factores externos que se te presentan. Para mí hacer que las cosas sucedan comienza con una sencilla acción: recordar mi capacidad de resolver. Si inicias el día con este ingrediente básico, la jornada tendrá un matiz diferente, se llenará de una energía positiva que transformará todo tu entorno. Recuerda: procura empezar cada mañana agradeciendo y con toda la actitud.

La felicidad
es una decisión
y actitud
de vida.
No hay recetas
mágicas.
La clave está
en saber
claramente
lo que quieres
para ti.

SI TÚ NO CREES EN TI,

¿QUIÉN LO HARÁ?

Un día la vida me presentó la oportunidad de producir un programa de televisión. Me sentía muy feliz y emocionada, aunque a la vez nerviosa, ya que siempre había estado tras bambalinas. Tomé el desafío. Puse manos a la obra, busqué un equipo que me apoyara para desarrollar la idea y producirla, y de ahí nació el proyecto *100% Actitud. ¡La llave para la vida!*, donde tuve la fortuna de entrevistar a cientos de personas. En cada encuentro confirmé la importancia y el valor de la actitud en la historia de vida que uno se crea, ya que a pesar de las adversidades, mis invitados lograron hasta lo que parecía imposible utilizando esta llave mágica. Lo interesante es que casi todos son individuos con alguna discapacidad. Ellos decidieron cambiar la perspectiva con la que observaban su entorno y a sí mismos, por eso lograron viajar más ligeros. Aunque a algunos la vida les cambió 180 grados de un día a otro: con amor, aceptación y resiliencia se convirtieron en ejemplos de fortaleza.

Creer en mí ha sido clave para lograr cristalizar mis sueños, para salir de los baches emocionales, tanto en mi vida personal como profesional. Si piensas que cristalizar tus sueños está muy lejano, te invito a que hoy hagas un cambio de actitud para que todo aquello que imaginaste lo hagas realidad: ser un excelente chef, diseñador, psicólogo, médico cirujano, cantante, artista, científico, abogado, bailarín, lo que tú sueñes ser. El sueño que tengas requiere de que estés convencido de que se hará realidad, y de que todas tus acciones y comportamientos estén alineados y sincronizados en esa dirección.

En ocasiones estamos tan inmersos en nuestras actividades diarias que vivimos en piloto automático y olvidamos que nosotros somos los únicos que podemos controlar nuestras actitudes, emociones y pensamientos. Cuando las cosas no salen como queremos, tendemos a culpar a nuestro entorno, las situaciones que se nos presentan, como si fueran las responsables de nuestras circunstancias. La realidad es que no es así. La llave de la ACTITUD es mágica y la tienes dentro de ti. Con ella lograrás todo lo que quieres, sueñas y deseas. Siempre será tu elección cómo enfrentarte a la vida.

—— TIEMPO DE REFLEXIÓN ——

Escribe en un cuaderno qué afecta tu día. Puede ser desde una situación en el trabajo o la convivencia con algún familiar. Sé lo más específico que puedas.

Una vez que descubras lo que te molesta, tienes dos opciones frente a ti: cambiar de actitud y resolver la situación o seguir quejándote y pasarla mal por todo lo que ocurre. ¿Cuál vas a elegir?

Aceptar que no tienes poder sobre el pasado, *pero sí sobre el hoy*, te ayudará a disfrutar la vida al máximo. Reconocerte y redescubrirte como ser humano permitirá que te destrabes, que encuentres el tesoro dentro de ti y te transformes en un ser sin culpa, responsable de ti mismo. No es egoísta decir *Primero yo*, porque en la medida en la que tú estés bien, tu entorno fluirá mejor.

Recuerda que tu actitud, determinación y acción son las claves para cambiar tu perspectiva de vida y viajar más ligero.

_____

Regálate el tiempo para ver una película que te
motive a activar la llave de la ACTITUD. Te recomiendo: *Sing, Kung Fu Panda, Karate Kid, Walk, Ride
& Rodeo, Soul, Playbook*... Todas ellas te dejarán un
gran aprendizaje y lecciones de vida.

_____

Maestría en *excusas*

05

El rastro o estela que deja tras de sí una lancha
no ayuda a ir hacia delante. Si tomas como ex-
cusa tus problemas del pasado para no vivir tu
vida hoy, le atribuyes a la estela la habilidad de
manejar tu lancha.

=Og Mandino=

Estábamos en una gira por Sudamérica con Luis Miguel. Nos encontrábamos en Argentina y debíamos partir en pocas horas a Perú, donde teníamos una rueda de prensa programada para el siguiente día. El promotor del concierto no consideró algunos puntos importantes de logística y el tema del equipaje se estaba complicando, entre otras cosas. Pasaba el tiempo y no nos resolvían, por lo que tomé la decisión de pedirle a Luis Miguel y al equipo que se adelantaran; yo me quedaría en Argentina resolviendo la situación y los alcanzaría en Perú. Él aceptó, pero me dijo con mucha firmeza que necesitaba que estuviera presente en la rueda de prensa, sin falta. Le prometí que así sería, que buscaría la manera de solucionarlo, aunque en ese momento no tenía idea de cómo.

Ese día experimenté lo que se debe sentir participar en el reality show *The Amazing Race*. Se presentaron mil y una trabas para recibir las maletas, para conseguir boletos de avión, para comunicarme con el equipo. A pesar de todo, cumplí mi objetivo. Me activé para resolver el desafío: llegué en una avioneta privada que renté, en la que sólo cabíamos el piloto, el equipaje y yo. La salida más fácil pudo haber sido poner un sinfín de excusas; sin embargo, me arriesgué a tomar la decisión de contratar la avioneta para llegar a Perú sin saber qué podía pasar. De esto se trata la vida, de resolver para avanzar.

El *Sí se puede* no es un lema, una cita para anotar en la computadora o en un *post-it* en la agenda; es una filosofía de vida que he adoptado y me ha funcionado. Si tú también lo haces, te aseguro que automáticamente se te presentarán un sinfín de opciones y oportunidades. En esta vida TODO ES POSIBLE. Lo único que no podemos evitar es la muerte.

¿Quieres triunfar? Entonces elimina de tu mente y de tu diccionario las excusas. Nunca faltan ni sobran. Desde que somos niños aprendemos a inventarlas, desde cómo justificar el no haber hecho la tarea hasta el porqué llegamos tarde al trabajo o a una reunión casual.

A mi manera de verlo es una forma sutil de evadir responsabilidades o de no querer afrontar realidades.

El ser humano por naturaleza teme ser señalado o criticado, por ello muchas veces es más fácil poner excusas para justificar algún tipo de "error" que hemos cometido o que estamos cometiendo como un fracaso, un tropiezo o simplemente para evitar cumplir con nuestra palabra.

Hoy en día cuando alguien comenta que no tiene tiempo, ¿en realidad le puedes creer? A mí me cuesta trabajo pensar que sea así. Quizá no lo tenga para lo que no le interesa, porque cuando hay interés haces hasta lo imposible para sacarle al día 28 horas, e incluso para las redes sociales todos tenemos aunque sean 30 segundos para poner una historia en Instagram o actualizar el muro de Facebook. Si observas que estás por graduarte de la maestría en excusas, haz un alto y procura eliminarlas por completo de tu vida.

Postergar es el mal hábito de dejar para pasado mañana lo que debería haberse hecho ayer.
NAPOLEÓN HILL

MANOS A LA OBRA

Define un objetivo y trabaja en él durante una semana.

- Escribe el primer día por qué quieres alcanzarlo y cómo te sientes al respecto.
- Escribe el último día cómo te sentiste en el proceso de completarlo. ¡Sin excusas!
- Descubre que eres capaz de tomar las riendas de tu vida cuando te lo propones.

La esque... zofrenia

Si de verdad quieres triunfar es momento de dejar de justificarte. Todos, en algún punto, hemos puesto miles de excusas para no realizar algo o para hacerle creer a alguien que somos inocentes por no cristalizar nuestros sueños.

En el camino aprendemos y adoptamos tanto actitudes como comportamientos y formas de pensar de nuestros padres, amigos, compañeros, pareja... Sucede que, quizá sin darnos cuenta, en un abrir y cerrar de ojos, éstos se convierten en hábitos y en un estilo de vida. Depende de ti romper esos patrones y cambiar tu forma de actuar.

He tenido la fortuna de conocer a gente muy talentosa, privilegiada y con toda la capacidad para triunfar. Sin temor a equivocarme, la mayoría de los que habitamos este planeta tenemos talentos, habilidades y cualidades; sin embargo, muchos se auto-sabotean, están donde no quieren estar y haciendo lo que no quieren hacer. ¿Cuántas veces hemos escuchado o le hemos dicho a alguien que es un talento desperdiciado? Mi padre me lo dijo varias veces, y en ese momento me activé. Yo se lo he dicho a un sinfín de gente con la única intención de que se activen y actúen.

Haciendo un profundo diagnóstico del porqué no avanzamos, he llegado a la conclusión —como bien dice Grace, mi entrenadora de vida— de que todos sufrimos en algún momento de lo mismo, padecemos de una enfermedad adquirida a través del tiempo que se acentúa cuando dejamos de creer en nosotros y empezamos a ir a la deriva, sin realmente tomar el timón del barco. Es un mal que ataca a millones de personas que están sentadas en un sillón o en una banca de la zona del miedo y del confort. Se llama: *esquezofrenia.*

Los síntomas son: justificarse constantemente para probar la verdad o inocencia de uno mismo, combinado con él *es que* + (cualquier pretexto o excusa para no hacer las cosas). La mezcla de ambos es mortal, ya que en el día a día nos atacan, nos anclan sin darnos cuenta y no nos permiten avanzar, ni realizarnos, ni sentirnos plenos, ni cristalizar nuestros sueños.

Durante mi carrera me he topado con un sinfín de misiones imposibles, y lo que me ha llevado a ganarme la confianza, a tener credibilidad y reputación con mis clientes ha sido el buscar siempre cómo resolver. ¡Siempre hay una solución!

TIEMPO DE REFLEXIÓN

En esta gráfica, escribe el porcentaje de tiempo que inviertes en redes sociales, en *hobbies*, en quejarte, en no hacer nada, en TI, en construir tus sueños, en tomar acción o en alguna otra actividad. Trata de reflexionar sobre por qué repartes así ese tiempo, y proponte mejorarlo.

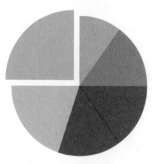

RECUERDA QUE NADIE PUEDE PENSAR, ACTUAR, CAMINAR, AVANZAR, CREER, VISUALIZAR, ACEPTAR, CAMBIAR Y TOMAR LAS RIENDAS DE TU VIDA. EN TI ESTÁ TODO.

Se vale equivocarse

Intenta eso que no puedes hacer. Fracasa.
Vuelve a intentarlo. Mejora la segunda vez.
Las únicas personas que nunca tropiezan son
aquellas que no se atreven a más. Éste es tu
momento: tómalo.

=Oprah Winfrey=

Crecemos con la creencia de que equivocarse es malo. Este pensamiento nos paraliza por miedo a asumir riesgos o realizar algo fuera de nuestra zona de confort. El miedo provoca angustia por un peligro real o imaginario. Frecuentemente detona una serie de espejismos que nos detienen y por los que podríamos perder gran parte de las alegrías que la vida tiene para ofrecernos.

¿Por qué tenemos miedo a equivocarnos? Porque desconocemos el resultado de nuestras acciones y damos peso a la opinión de nuestro entorno, a tal grado que cuestionamos constantemente nuestras decisiones. Creamos escenarios imaginarios en los que nos preguntamos cosas como: *¿Y si fracaso?, ¿y si sucede algo?, ¿y si ya no hay vuelta atrás?, ¿y si me despiden?* Sin embargo, este mecanismo de defensa tiene un lado positivo: puedes utilizarlo a tu favor, abrazarlo, aceptarlo, confrontarlo y hacerlo tu mejor aliado.

En el mundo de los sueños ocurre lo mismo: el temor a lo desconocido, a triunfar y al fracaso puede paralizarte, pero también puede ser un impulsor para conquistar lo que quieres. ¡Arriésgate! Usa el miedo como combustible. Si lo haces, independientemente de los resultados que obtengas, le habrás ganado la batalla.

Recuerdo una ocasión, cuando iniciaba mi trabajo con Luis Miguel, en que estábamos en Torreón y ocurrió una crisis. En lugar de hacerle frente a una situación con un medio de comunicación, me sentí tan abrumada por la prensa que me escondí en el baño. No sabía cómo actuar, así que elegí la salida más sencilla: evitar a los medios. Después una persona me aconsejó: "Tienes que enfrentarlos". Decidí hacerlo. Yo no era la cantante, no tenía todas las respuestas y no contaba con las herramientas para comunicarme de la mejor manera, sólo me quedaba hacer mi mejor esfuerzo. A partir de que tomé esa decisión, no me volví a paralizar cuando se me presentaban situaciones muy similares.

¡HAZ DEL MIEDO TU MEJOR ALIADO!

Me he equivocado miles de veces, y me sigo equivocando, pero no pasa nada. Aquí sigo, porque lejos de reprocharme, les doy la vuelta y aprendo de cada uno de mis errores. Siempre y cuando tus decisiones no pongan en riesgo tu integridad o la de otra persona, ve por tus sueños, nunca te rindas. No estoy hablando de que irás de trago en trago amargo constantemente y no va a importar; más bien te insto a que si se te presentan situaciones difíciles, las enfrentes, ya que no hacerlo detiene tu crecimiento. Sin fracasos no hay éxitos. Es mejor equivocarse que poner excusas.

Dejar el temor atrás evita que sientas arrepentimiento por no intentar algo. A veces queremos hacer todo perfecto. La perfección duele; la excelencia se disfruta. Si te equivocas, no pasa nada. Ríe, llora, grita, patalea, haz lo que quieras para liberarte. Después suelta el peso y sigue adelante.

Cuando fui la responsable del manejo de prensa y relaciones públicas de Alejandro Fernández, la disquera le hizo varias promesas relativas al lanzamiento de su disco que estaba incumpliendo. Mi rol era ver por los intereses del cantante, por lo que estando en una reunión en Miami, muy enojada le reclamé a un alto directivo su falta de compromiso: nos habían hecho viajar para la presentación y no tenían nada organizado. Después del mal momento, regresé al hotel y le conté a Alejandro todo lo que había pasado, asumiendo la responsabilidad de mi actitud y las consecuencias, que ocurrieron más adelante.

La gota que derramó el vaso fue durante las entrevistas de la presentación de su disco *Entre tus brazos*, que se hacían con los representantes de los medios de comunicación, en las que a mí me tocaba hablar con cada periodista. El acuerdo era que se conversaría única y exclusivamente del disco, nada sobre la vida personal del cantante. Con una periodista en especial hice énfasis al respecto: le pedí expresamente que no tocara ningún tema personal o pararía la entrevista. Sin embargo, la conductora ignoró mi solicitud, por lo que la corté. Eso provocó que corriera el rumor de que yo estaba afectando la imagen de Alejandro, que bloqueaba a los periodistas y muchas cosas más, por lo que la disquera tomó la decisión de despedirme. Ha sido la única ocasión en la que he tenido dos jefes al mismo tiempo: Alejandro y la compañía disquera. Aunque sabía a lo que podría enfrentarme, tomé el desafío de aceptar el trabajo porque estaba en mi tablero de los sueños trabajar con el Potrillo.

Aunque perdí mi trabajo y no estaba equivocada en ese punto —al día de hoy, después de 21 años de lo ocurrido, conservo una excelente amistad con Alejandro y con su bella familia—, entiendo que mi actitud no fue la adecuada. Era correcto lo que pedía, y de hecho funcionó, porque lo respetaron más, pero debía aprender a controlar mi temperamento. La mayoría de los aprendizajes suceden por necesidad, cuando entendemos su valor. Enfrentarse al volante solos, presentar un proyecto ante un comité de especialistas, decirle a una persona que la amas, realizar una presentación de trabajo, hacer una propuesta a un cliente, exponer una idea a un jefe son actos de valentía en los que temes no estar listo, pero los haces para estarlo algún día.

Exponerte es asumir el riesgo, apostar a la superación de un miedo. Sin importar los resultados, un perdedor es el que ni siquiera lo intenta, no el que falla. Suena fácil, pero sabes que no lo es, ¿cierto? Requiere valor.

A mis 23 años trabajaba con Luis Miguel acompañándolo a giras nacionales e internacionales. En una ocasión, en Acapulco, estábamos en la presentación de su disco *20 años* ante los medios de comunicación más importantes de aquella época cuando, antes de entrar, Miki me preguntó: "¿Dónde me voy a sentar?". Yo muy natural dije: "No sé". Después de ese día, esas dos palabras se quedaron fuera de mi diccionario. Ahora de veinte preguntas cuyas respuestas son "no sé", simplemente pongo una cara radiante y respondo: "Me encantaría darte una respuesta, pero no la tengo ahora mismo. La averiguo y te digo".

Ese "no sé" natural e inofensivo me valió un regaño de tres días, en los que pensé que me despedirían, que mi carrera estaba arruinada. Sin embargo, seguí trabajando, aunque regañada, y nunca más se me ocurrió dejar mis responsabilidades desatendidas. Ese error me enseñó a no bajar la guardia. Hoy cuido todos los detalles, porque sé que eso es lo que se espera de mí. Agradezco que, en esa ocasión, Miki tuviera la confianza de decírmelo en vez de despedirme.

A lo largo de mi trayectoria he vivido experiencias nada agradables como perder el trabajo, sentirme traicionada, frustrada, divorciarme, empezar de nuevo... pero ninguna de ellas acabó con mi vida. Fueron sólo eso: *experiencias*. Hoy mi mente está educada para no pensar en "y qué pasa si..." seguido por un pensamiento negativo. Ya no, porque me enfoqué en cambiar esa mentalidad. Prefiero usar ese tiempo para superar los tropiezos u obstáculos que aparecen a lo largo del camino hacia cualquiera de mis sueños, proyectos u objetivos.

Aceptar el riesgo de equivocarse es aprender a valorar tu potencial con los pies en la tierra, sin expectativas irreales sobre ti mismo porque si no, puedes vivir decepcionado, con la sensación de que no eres lo suficientemente bueno, inteligente, talentoso, capaz o que no perteneces a ciertos círculos sociales. Con ese esquema mental dejarás de confiar en ti y bloquearás tus sueños.

Si te lo permites, descubrirás con el tiempo que tú tienes el poder de experimentar cosas maravillosas.

MANOS A LA OBRA

Camina por una zona que no conozcas, visita un lugar nuevo o toma una ruta distinta a tu lugar de trabajo, tu casa o algún destino que visites. Luego escribe cómo te sentiste, en qué pensaste y qué significó para ti ese cambio de escenario y de perspectiva.

Tus ganas de avanzar TIENEN QUE SER MÁS GRANDES *que tus miedos.*

TIEMPO DE REFLEXIÓN

- Escribe cinco cosas que hayas dejado de hacer por miedo. Piensa cómo podrías resolverlas de manera diferente.
- Escribe cinco cosas que lograste superar dejando atrás el miedo. Reflexiona sobre lo que significaron en tu vida.

PAU

INH
EXH

TODO VA A

USA

ALA,

ALA...

STAR BIEN.

06

Los demás tienen
su propia vida

Tu tiempo es limitado, así que no lo malgastes viviendo la vida de otra persona. [...] No dejes que el ruido de las opiniones de otros apague tu propia voz interior.

=STEVE JOBS=

Vivimos en una sociedad que forma juicios; eso es inevitable y no depende de nosotros. Pero permitir que las opiniones externas dicten nuestros movimientos y decisiones sí es una decisión y tiene un *efecto dominó*: tarde o temprano se truncan nuestros sueños, porque nos ocupamos de lo que piensa la gente en vez de enfocarnos en nuestros pensamientos; otorgamos nuestro poder a los demás y dejamos de vivir nuestra mejor vida, así de fácil.

Mi papá siempre me aconsejaba: "No te preocupes por lo que piensen los demás", y así lo hice: aprendí que debía actuar en función de mis valores y anhelos. Incluso cuando de adolescente decía que quería trabajar con los famosos y muchos no me creían o se burlaban, no me importaba. Sabía que no debía poner mis metas en pausa por no enfrentar sus opiniones, porque su presencia en mi vida era tan sólo un momento, mientras que mis sueños y deseos se quedarían por siempre conmigo.

¿CUÁNTAS VECES HAS ABANDONADO ALGUNA IDEA O DESEO POR LO QUE *piensen las demás personas?*

Así que te recomiendo que sigas tus sueños con convicción, independientemente del qué dirán. Recuerda que los juicios de los otros están basados en su sistema de creencias; de ningún modo son un reflejo de lo que tú eres o de lo que alcanzarás.

Lo paradójico es que todos hablarán lo que quieran, pero al final cada quien se ocupa de sí mismo. *Enfócate, enfócate, enfócate* para avanzar. Mientras cada persona está en lo suyo, si tú pasas el tiempo anhelando estar en otro lugar, perderás de vista lo más importante: a ti mismo y las múltiples oportunidades que se te pueden presentar. No significa que vivas al margen de aquellos que te rodean, sino que entiendas que si otros dedican unos minutos al día para hablar o pensar en ti, son sólo eso: unos minutos. Luego seguirán con su vida, así como tú debes seguir con la tuya.

Cuando conduces por carretera, si estás pendiente de los demás, pierdes el foco y no te concentras en el camino. En los deportes, cada competidor se enfoca en lo suyo, e incluso en las carreras, a los caballos les ponen anteojeras para que no se distraigan. Lo mismo ocurre con las opiniones ajenas: son una distracción.

Es normal tener miedo a la crítica, al no reconocimiento y a la no aceptación, pero piensa un momento: ¿qué harías si nadie pudiera criticarte, si fueras libre de hacer cualquier cosa? ¿Ya lo tienes? Pues *haz eso*. Porque esa libertad depende enteramente de *ti* y de nadie más.

——— TIEMPO DE REFLEXIÓN ———

La siguiente actividad te permitirá tener otra perspectiva de cómo estás reaccionando ante los demás.

1. Pídele a quien le tengas más confianza que observe, durante una semana, cuántas veces te enojas por tomarte algo personal o sentirte criticado.
2. Una vez que te haya dicho el número, anótalo y agradécele su honestidad a la persona que te ayudó.
3. Durante 21 días, haz el esfuerzo de no tomar los comentarios externos como personales, por muy pequeños que sean. Toma nota de las veces que lo lograste y las que no.
4. Pregúntate si vale la pena perder la calma, explotar, engancharte o pasarla mal. Observa qué ganas y qué pierdes en esos casos.

5. Compara cuántas veces te enojaste en la semana en que hiciste conciencia de tus reacciones con las ocasiones de la semana anterior.

Notarás cómo te sientes más ligero y tranquilo una vez que hayas desarrollado el hábito.

A lo largo de mi vida, he conocido a muchas personas que no se dedican a lo que realmente quieren hacer, sobre todo los jóvenes, porque temen a lo que dirán sus padres. En general, soy muy determinante con eso: que la gente piense lo que quiera, tú muévete hacia delante. Imagina, por ejemplo, que estás en un trabajo que no te gusta, pero que obtuviste gracias a recomendaciones de familiares. Sientes que no puedes renunciar porque se supone que estás haciendo lo que dicta la sociedad. ¿Serías feliz?

LA FELICIDAD ES UNA ACTITUD DE VIDA.

Muchas veces sucede que reaccionamos a la defensiva sin darnos cuenta del porqué, y eso nos desgasta física y emocionalmente. De hecho, con frecuencia, la percepción del exterior tiene que ver con el interior, con la autoestima, la manera en que nos vemos, respetamos, valoramos y amamos. Mi consejo es que aprendas a mantenerte en constante autobservación para detectar qué te está afectando y por qué tal vez sientes que todo el mundo está en tu contra. Si lo haces, podrás rediseñar día a día tus actitudes, pensamientos y reacciones. Elige el estilo de vida que quieres conscientemente, sin intervención de nadie. Permítete realizarte a diario e ir por el camino correcto para cristalizar tus sueños.

En lo personal, he aprendido que si me tomo a pecho las cosas, la única persona que sale perdiendo soy yo. Soy consciente de que debo seguir reforzando este tema, sobre todo cuando viene por parte de mi familia. Aún no lo he logrado controlar al cien por ciento; sin embargo, tomarme una dosis diaria de *Resbalatex* —es decir, programarme para dejar fluir y no engancharme— me ha dado muy buenos resultados. Y eso que hay días en que debo duplicar y hasta triplicar la dosis.

#TipsToniTorres

1. Si el comentario no va dirigido directamente hacia tu persona, entonces *no es para ti.*
2. El único que decide cómo tomarse las cosas eres tú, *nadie más.*
3. Recuerda que nadie puede tomar tus decisiones de vida por ti; *el único responsable eres tú.*
4. Enfócate en ti y no en los demás. Tienes todo por delante; en tus manos está hacer lo que deseas.
5. *Toma acción,* cambia de actitud y valora lo que tienes.

La vida es un viaje en el que nosotros elegimos qué llevar en nuestro equipaje.

Las oportunidades no se van, las aprovechan otros

> *Si decides que harás sólo las cosas que sabes que funcionarán, vas a dejar muchas oportunidades sobre la mesa.*
>
> =Jeff Bezos=

Cuando te encuentras al inicio del camino que has decidido recorrer, tu entorno puede parecer adverso o falto de opciones. ¡No es así! El abanico de oportunidades que tienes frente a ti es muy grande, sólo debes aprender a verlas y tomarlas. Una conversación entre amigos, un salón de clases, un trabajo, un viaje, una reunión familiar, un concierto, una conferencia son escenarios para que surjan *oportunidades*. La terrible pandemia que vivimos nos cerró muchas puertas, pero también nos enseñó cómo aprovechar clases en línea, blogs, conferencias remotas y otros usos de la tecnología. Para ello, debes ser receptivo y ver las señales que se presentan delante de ti.

Hoy, con tanta información que recibimos cada minuto, es normal que termines saturado y dejes de escuchar tu intuición, que debe ser tu principal consejera. Para activarla es importantísimo actuar con *sabiduría*. Aunque nadie tiene la verdad absoluta, existe un sentido común que puedes desarrollar conforme pasan los años y que te ayudará a tomar las mejores decisiones.

Definitivamente en esta vida lo que jamás dejaremos de hacer es aprender, y no me refiero a llevar el ritmo de la tecnología, sino a adquirir lecciones de las experiencias, desafíos, obstáculos, errores, fracasos, triunfos... de *todo*. Lo importante es asumir ese aprendizaje. Vivimos en un salón de clases, y aunque a muchos no les haya gustado ir a la escuela, la de la vida siempre está ahí. Un título universitario solamente es un papel, ya que de nada sirve conocer toda la teoría si no la pones en práctica, por lo que es importante tener la convicción de trabajar para adquirir experiencia, aun antes de terminar los estudios.

El campo de la vida siempre nos dará experiencia y nos forjará día a día, haciéndonos expertos en el área que más nos apasiona. Aprender es parte de crecer y madurar. Así como de niños aprendimos el abecedario, de adultos asimilamos cosas más complejas. Uno cree que sólo las buenas experiencias nos dejan mucho y no siempre es así: también de las adversidades nos alimentamos para continuar viviendo.

¿QUIÉNES HAN SIDO TUS MAESTROS DE VIDA? ¿CUÁLES FUERON SUS ENSEÑANZAS? ¿QUÉ LIBRO TE HA MARCADO?

No hay por qué sentir que el lugar donde vives, el dinero que tienes o las personas que conoces condicionan las posibilidades para desarrollarte. ¡Ellos son tus maestros! Son las palabras que utilizas y el trabajo que desempeñas los factores que crean resultados que, a su vez, hacen florecer las oportunidades que estaban dormidas, esperando a que tú las atrajeras. Y no debes olvidar que están presentes para todos, de modo que si no las aprovechas, alguien más lo hará por ti.

La dinámica de la oportunidad se concreta cuando una persona, un grupo de gente, una institución, organización o empresa confía en que tú puedes lograr algo que necesita (y, en los casos ideales, en que tú puedes hacerlo mejor que nadie), y esa confianza sólo nace si ya has demostrado de lo que eres capaz.

¿EN DÓNDE CREES QUE PUEDE SURGIR una oportunidad para ti?

Mi oportunidad para renunciar

En mayo de 1993, después de haber trabajado por más de tres años con Luis Miguel, renuncié. Renuncié a seguir viviendo uno de mis sueños más anhelados, renuncié al *backstage*, renuncié a lo que más amaba. Fue una de las decisiones más difíciles que he tomado porque, aunque me apasionaba lo que hacía, estaba convencida de que mi tiempo ahí había terminado y era mi oportunidad de renunciar. Hugo López estaba enfermo de cáncer y el ambiente laboral ya no era el mismo de antes. Mi intuición me decía que era el momento para mi salida.

En noviembre de ese mismo año Hugo perdió la batalla contra el cáncer. Él se había convertido en mi segundo padre, me había hecho parte de su familia. Aprendí tanto de él que podría decir que hice a su lado un doctorado en Relaciones Públicas. Su visión, persistencia, capacidad de negociación, claridad, determinación e inteligencia eran su sello personal. Hasta ahora puedo decir, sin temor a equivocarme, que no ha habido ninguna persona con tanta influencia y capacidad de manejar la carrera de Luis Miguel como Hugo. Siempre le estaré agradecida por haberme dado la oportunidad de trabajar a su lado y creer en mí. Hasta donde esté, le mando un abrazo. Todavía recuerdo aquella tarde, comiendo en el departamento de Miki, cuando le dije que dejaría de trabajar para él. No podía creerlo, me preguntaba una y otra vez si estaba segura; sin embargo, mi decisión estaba tomada y no había marcha atrás. Salí por la puerta grande; le agradecí por haberme permitido ser parte de su vida personal y profesional.

Tomé la oportunidad de hacer un cambio en mi vida aunque sabía que nos iba a pesar a muchas personas, incluido el propio Luis Miguel. Dejé ir lo que más amaba, y en consecuencia me dio una depresión muy fuerte, algo que no vi venir. Viví días muy negros. Uno, porque no tenía claro mi futuro, y dos, debido a que toqué muchas puertas para reincorporarme al mundo laboral sin suerte alguna. Varias personas que se decían "mis amigos" y habían prometido ayudarme me dieron la espalda. Experimenté por primera vez la traición de muchas de ellas. Pasó tiempo sin que me contrataran, lo que me afectó bastante. Tuve lo que llamo un *aterrizaje forzoso*.

Durante ese periodo de prueba recordé que siempre había sido una mujer de carácter fuerte, echada para adelante, y que, independientemente de las circunstancias, debía tener la mejor actitud y buscar, buscar, buscar hasta encontrar. Escribía y escribía para tener más claridad, para vaciar mis pensamientos y emociones, lo que me ayudó bastante a estar más tranquila. Así lo hice hasta que, gracias a que ya había construido un nombre y a que nunca me di por vencida, encontré la luz al final del túnel: despegué otra vez y fue con turbo. Desde entonces, aunque he tenido muchos otros tropiezos, me sacudo y me vuelvo a levantar. Me contrataron en una operadora de viajes, y unos meses después me ofrecieron trabajo en la gira de Paco de Lucía, y después trabajé para varios canales, productoras y cantantes de primer nivel.

Entendí que la vida tiene altas y bajas: es inevitable. Pero la actitud mental positiva, los pensamientos, las acciones, la perseverancia, el creer en uno mismo son lo que hace la diferencia. Los marineros no cultivan su experiencia navegando en un mar en calma; al contrario, cada tormenta, durante sus travesías, los lleva a ser grandes lobos de mar. Es en las dificultades donde más se benefician, donde logran hallar las oportunidades de aprender y brillar.

MANOS A LA OBRA

Esta actividad te dará una visión más amplia de lo que has aprendido.

- Haz una relación de aprendizajes en tu día.
- Léelos al término de la semana.
- Procura, en momentos de adversidad, detectar cuál es la lección que debes aprender.

" CADA TORMENTA QUE SE TE PRESENTA ES PARTE DEL CAMINO PARA CONVERTIRTE EN UN LOBO DE MAR O DE LA VIDA. "

Prerárate, practica y

toma acción

07

L a preparación, la práctica y las acciones son infalibles para que las cosas funcionen. Puedes estudiar en una universidad o en un instituto tecnológico, en talleres académicos o en clases en línea, pero si no superas la teoría para pasar a la acción, el camino se hará eterno para materializar tus proyectos o incluso puede nunca comenzar.

Hay gente que se queda en la teoría, pero no actúa. Hay quienes practican, pero no se preparan lo suficiente para saber si lo que hacen está bien o mal. Algunos otros van a la acción sin preparación ni práctica. En estos tres casos se pueden obtener satisfacciones; sin embargo, el que trae mejores resultados combina las tres cosas: *preparación*, *práctica* y *acción*. No porque te vayan a garantizar una medalla o un reconocimiento, sino porque te dan más control sobre el resultado, ya que trabajas conscientemente con la certeza de que estás haciendo las cosas bien.

Hoy con la información disponible en internet es muy fácil aprender a realizar cualquier actividad, porque tienes todo a tu alcance, pero hasta que no hayas hecho algo muchas veces, realmente no estarás preparado para afrontar verdaderos retos.

Piensa a diario
EN LO QUE QUIERES: PREPÁRATE, PRACTICA, PRACTICA, PRACTICA Y TOMA ACCIÓN.

A pesar de que dejé la universidad, nunca he detenido mi aprendizaje. Leo los libros necesarios para desarrollar mis habilidades y los pongo en práctica. Es decir, me preparo cada día. *Sin manual de instrucciones* es un ejemplo de una acción que había pospuesto durante muchos años hasta que me dispuse a dedicarle el tiempo para materializarlo. No se hizo de la noche a la mañana, sino que requirió de esfuerzo, de horas de dedicación para hacerlo realidad.

MANOS A LA OBRA

En el capítulo 3 te planteaste una serie de metas u objetivos que contribuirán a cristalizar tu sueño. Ahora elige tres de ellos, los más relevantes en el camino para alcanzarlo. Serán tu punto de partida. Visualízate realizándolos: imagina lo que será prepararte, practicarlos y ponerlos en acción. Y ahora hazlo de verdad: date el tiempo y el lugar para prepararte, para practicar y para actuar.

> Antes de salir de tu casa, escribe en tu lista de pendientes los pasos para alcanzar esos objetivos. Durante el día, ve eliminando los que ya realizaste. En la noche, revisa qué lograste y qué faltó para avanzar. Una vez que actúes, es cuestión de tiempo para que obtengas todo lo que sueñas.

Da tu 150% (y un extra más)

Cuando nos esforzamos por ser mejores de lo que somos, todo a nuestro alrededor se vuelve mejor también.

=PAULO COELHO=

Dar el 150% significa superar las expectativas, dejar una huella en aquellos que confían en tu trabajo, hacer lo que esperan y más. Implica poner atención a los detalles, detectar las necesidades de tus clientes, familiares o amigos —incluidas aquellas que ni siquiera contemplan— y cubrirlas sin que te lo pidan. Se trata de convertir tu trabajo y tu vida en un servicio mágico que brinda seguridad y *excelencia*. Si lo haces muy bien, obtendrás reconocimiento; si lo haces más o menos, es posible que pase desapercibido, y si lo haces mal, las críticas no se harán esperar.

Estoy convencida de que implica la misma energía realizar un trabajo de forma excelente que hacerlo a medias o mal. Entonces, ¿por qué no hacer tu mejor esfuerzo? La calidad y la capacidad para darle un valor agregado a lo que ofreces es lo que marcará siempre la diferencia.

He ejecutado muchos proyectos en mi vida profesional, pero uno de los más desafiantes ha sido el lanzamiento de America Online (AOL). Si pensé que el trabajo con Luis Miguel había sido un reto, ese evento lo fue mucho más. Un día después de que me despidieron de ser la publirrelacionista de Alejandro Fernández, gracias a una recomendación me contrataron para este importante proyecto. Para entonces yo ya había trabajado con varios artistas y dominaba el arte de hacer que las cosas sucedieran, pero nunca había participado en algo tan complejo. Tuve que armar mi equipo de trabajo de un día a otro para colaborar con el de mi cliente (que era el encargado de la logística de Bill Clinton).

El ritmo de trabajo era muy intenso: reuniones eternas repasando, detalle a detalle, una y otra vez, todo lo que sucedería en el lanzamiento. Parte de los desafíos fue planear varios eventos que se llevarían a cabo simultáneamente en diferentes puntos de la ciudad. Tuve que activarme con mi maquinaria al mil por ciento para obtener los resultados esperados: tuvimos actividades por un lado con Paulina Rubio, y por el otro con Salma Hayek y Antonio Banderas; se jugaron al mismo tiempo un partido de tenis entre Boris Becker y Leo Lavalle, y otro de basquetbol con Magic Johnson; por la noche, Francisco Céspedes ofreció un concierto, al mismo tiempo de que se llevaba a cabo la cena de gala con los empresarios más importantes de la industria del entretenimiento y medios de América Latina.

Además, ese día ocurrieron cientos de imprevistos: la lluvia nos enseñó la importancia de tener plan A, plan B y plan C; Magic

Johnson quería una bebida especial que sólo vendían en Los Ángeles, por lo que tuvimos que activarnos para conseguirla; al staff de AOL se le olvidó hacer los *press kits* y nos avisó a medianoche, por lo que mi hermana Alejandra hizo mano de su creatividad para tenerlos armados y entregados a primera hora del día siguiente; rescatamos doscientas plumas especiales que tenían detenidas en la aduana, consiguiendo que las grabaran con punta diamante durante la madrugada; y para cerrar con broche de oro, volé desde Los Ángeles en un avión privado con las cinco mil invitaciones del evento, porque no había otra manera de traerlas. Si a eso le sumas que me encontraba en medio de tomar la decisión de divorciarme y no podía permitir que la parte emocional afectara mi desempeño, entenderás la gran carga que llevaba sobre mis hombros.

Sin embargo, ese trabajo fue un gran maestro para todos: me di cuenta de la importancia de colaborar en equipo y de reconocer mis capacidades y áreas de oportunidad, apoyándome en otras personas. Definitivamente parte del éxito de la ejecución se debió a que contraté a la gente adecuada, con mi misma filosofía y actitud de hacer que las cosas sucedieran. Nos convertimos en las *goal girls*, y eso dejó huella en nosotras y en mi cliente. Confirmé lo que siempre he sabido: si amas lo que haces y te entregas con toda la pasión, valdrá la pena, aun cuando no veas con claridad el siguiente paso.

Ese evento tuvo una gran repercusión en mí y en mi carrera. Recibí como distinción por parte de mi cliente una carta que guardo con mucho cariño en la que reconocían mi profesionalismo, liderazgo y el trabajo de todo mi equipo. Allí también conocí a José Garcidueñas, recién nombrado subdirector de Six Flags

México. Al ver mi desempeño, me ofreció trabajo como *freelance* para reestructurar el departamento de Relaciones Públicas de dicha empresa.

Todos, absolutamente todos, tenemos un *doer* dentro de nosotros que espera ser activado. Lo más importante es tener la disposición de enfrentar los desafíos y aplicar el conocimiento adquirido en las experiencias de trabajos anteriores.

¿ESTÁS DISPUESTO A DAR
tu 150%?

Así como el ejemplo anterior, hay cientos de casos en los que elegimos en función de la satisfacción que obtenemos por lo que se nos ofrece. Sin embargo, también existen miles de profesionistas que sólo hacen su trabajo sin dar más de lo estrictamente necesario. He dejado de contratar a proveedores muy talentosos debido a que se mantienen en la rayita. Por la falta de comunicación, honestidad, capacidad de respuesta y no dar más allá del cien por ciento, cumplen con un servicio y no ven al cliente como un aliado.

Dar tu 150% te ayudará a construir una relación con tu cliente basada en la credibilidad, el seguimiento del servicio y la comunicación asertiva. Dale la tranquilidad de que puede confiar en ti. Cierra la brecha entre ser un proveedor de única vez y uno de largo plazo. Con el tiempo ese esfuerzo se verá reflejado, porque tu trabajo siempre hablará por ti, como una extensión de tu persona. Esta fórmula la he aplicado durante mucho tiempo y hasta ahora no me ha fallado. He forjado con la mayoría de mis clientes y proveedores una relación de amistad de muchos años, e incluso algunos de ellos se han convertido en parte de mi familia.

MANOS A LA OBRA

La creatividad, la claridad, la pasión son algunos de los ingredientes que puedes utilizar para crear tu propio tablero de los sueños. Te recomiendo hacer esta actividad en un espacio donde te sientas cómodo. Regálate el tiempo para hacerlo sin prisa, disfrutando todo el proceso.

Necesitarás los siguientes materiales:

- Cartulina
- Revistas
- Pegamento
- Tijeras
- Plumas
- Colores

Haz una lista de todos tus deseos y sueños. Pueden ir desde hacer un viaje o aprender algo nuevo, hasta trabajar en la empresa que siempre has soñado, conocer a esa persona que te inspira, empezar tu negocio, invertir en un proyecto o terminar tu carrera. Hay una infinidad de sueños que tienes frente a ti; la clave está en saber qué quieres.

Una vez que hayas terminado la lista, recorta de una revista imágenes relacionadas con cada uno de ellos, o imprímelas de páginas de internet. Pégalas en una cartulina, en una especie de *collage*. Ahora coloca tu tablero en alguna pared de tu recámara.

Todas las mañanas al despertar, y todas las noches antes de acostarte a dormir, obsérvalo, visualízate alcanzando esos objetivos y cristalizando tus sueños. Haz un plan de acción y activa tu modo *doer*.

La excelencia marca la diferencia

Da siempre lo mejor de ti. Lo que siembres hoy dará su fruto mañana.

=Og Mandino=

Pese a que es una condición generalizada del ser humano intentar realizar una actividad o trabajo a la perfección, es importante comprender que de nada sirve exigirnos demasiado en pro de alcanzar ese imposible, porque nos exponemos a la frustración y a gastar demasiadas energías en detrimento de otras partes de nuestra vida. En mi experiencia son dos las consecuencias que pueden resultar de ello: dejar las cosas inconclusas al renunciar o pasarnos la vida haciendo algo sin jamás terminarlo. Ambas nos alejan de concretar lo que nos proponemos.

NO HAY QUE SER PERFECTOS, HAY QUE SER *excelentes.*

Leonardo Da Vinci fue un gran pintor que tenía la costumbre de dejar proyectos inconclusos o de demorarse mucho en ellos, porque siempre les veía algún detalle que no funcionaba. Tardó años en terminar una de sus pinturas más famosas, *La última cena*, y cuando por fin lo hizo, seguía pensando que aún estaba incompleta; en algunas crónicas se dice que otros pintores menores tuvieron que concluir parte del trabajo. Leonardo nunca alcanzó la perfección, pero sí la excelencia. Vivía en una época muy distinta a la nuestra, con privilegios que le permitían tener el tiempo necesario para producir una obra maestra. Aunque para nosotros puede ser más complicado, no por eso debemos de dejar de hacer las cosas lo mejor posible.

He trabajado con artistas de primera talla que exigen que su equipo tenga la misma calidad que ellos ofrecen al público. Luis Miguel, Alejandro Fernández, Cristian Castro, Chayanne, David Copperfield, Marco Antonio Regil, entre otros, ofrecen experiencias únicas, de calidad, de excelencia, lo que los ha hecho sobresalir en sus respectivos ramos. Yo admiro a ese tipo de personas, como mi papá, Frank Lloyd Wright, Walt Disney, Nelson Mandela, José Mourinho, Barack Obama o las personalidades que mencioné, a las que siempre les ofrezco lo mismo con mi desempeño. He aprendido que realizar mis actividades con el mayor detalle y esfuerzo permite obtener resultados sobresalientes.

MANOS A LA OBRA

Busca un modelo a seguir: ¿a quién admiras?, ¿quién te inspira? Ya que lo definiste, observa su trabajo con detenimiento. Notarás que no es perfecto, pero sí *excelente*.

Planea qué le dirías a esa persona si pudieras entrevistarla. ¿Qué le preguntarías? ¿En qué partes de tu vida y tu trabajo crees que podría ayudarte o guiarte? ¿Qué esperarías de ese encuentro?

Ahora, propicia una conversación con esa persona. No importa si parece inalcanzable, ¡no lo es! Sólo se trata de buscar la ruta correcta. Puede ser en una conferencia o por medio de correo electrónico. Te sorprenderá lo que puedes lograr si te atreves a dar el primer paso para el contacto. Sobrepasa tus límites. *Todo es posible.*

Esfuérzate en cada actividad que realices, no importa que sea pequeña o grande. Eso hará que las puertas se abran y las oportunidades surjan. Gracias a que así me he conducido durante mi vida, he tenido la oportunidad de estar en contacto con personas va-liosísimas como el papa Juan Pablo II. Tuve la fortuna de colaborar en la logística de la visita a México de Su Santidad en conjunto con el ahora desaparecido cuerpo del Estado Mayor Presidencial. A mí me correspondió organizar todo lo referente a los invitados especiales. Aprendí mucho, y sobre todo me sentí muy orgullosa de que me buscaran para dirigir esta actividad. Aún recuerdo cla-ramente cuando vi salir al papa por primera vez de la Nunciatura Apostólica. La energía que emanaba conmovía hasta las lágrimas: era impresionante. Su sola presencia transmitía paz y fuerza. Es una experiencia que jamás olvidaré.

Experiencias como ésta ocurrieron gracias a que siempre he ofrecido lo mejor de mí, a mi reputación, a que he dado mi 150% en cada acto hasta alcanzar la excelencia. Fueron el efecto domi-nó de mis acciones pasadas.

Evita quedarte en la rayita, pero sin obsesionarte con tener un resultado perfecto. La mentalidad debe ser enfocarte en hacer las cosas lo mejor que puedas según tus capacidades. El resto lo aprenderás con el tiempo.

08

El valor de
tu palabra

Debemos creer en el poder y la fuerza de nuestras palabras. Nuestras palabras pueden cambiar el mundo.

=MALALA YOUSAFZAI=

El lenguaje es un vehículo con el cual expresamos nuestras emociones, sentimientos, pensamientos, deseos e intenciones. Cada palabra es energía que posee un poder creador, que transforma tu entorno y a ti. Si todos comprendieran la fuerza y el valor de la palabra, tendríamos más cuidado con lo que decimos a los demás y a nosotros mismos, ya que en el instante que pronunciamos una afirmación, la estamos enviando al universo para que se materialice. Procura ser más consciente de tus expresiones; utilízalas como una herramienta para formar un presente y un futuro en el que te sientas satisfecho.

—————— TIEMPO DE REFLEXIÓN ——————

A continuación te presento una dinámica diseñada para que tengas consciencia de cómo te hablas a ti mismo. Ponte de pie, frente al espejo, y pregúntate:

- ¿Me hablo con amor?
- ¿Me hablo con enojo?
- ¿Me hablo con rencor?
- ¿Me hablo con alegría?
- ¿Me subestimo?
- ¿Qué palabras uso regularmente para describirme?

a) Soy un inútil / No puedo hacerlo / Soy un bueno para nada

b) Todo puedo lograrlo / Soy capaz / Soy inteligente / Soy fuerte

Ahora di en voz alta todo lo bueno que crees de ti mismo. Anótalo en *post-its* y pégalos en un lugar visible.

Afirma: "El día de hoy me hablaré con amor, respeto y compasión". Repite esa afirmación todas las mañanas. Con el tiempo te darás cuenta del efecto que tendrá en tu persona.

Recuerda que lo que dices te afecta a ti y a lo que te rodea. Pregúntate: "¿Estoy haciendo daño con lo que digo?, ¿beneficia a quien lo escucha?".

Elige tus palabras conscientemente. Así cuidarás tus sentimientos, los de otras personas y tu *reputación*, que es tu principal carta de presentación. Esto aplica en el trabajo, en los negocios y en las relaciones afectivas. Más adelante hablaremos de otras facetas de tu reputación.

Cuando inicié mi empleo en Six Flags, el trato era por seis meses; es decir, dejaría reestructurado el departamento de Relaciones Públicas y listo. Sin embargo, al término del plazo, Pepe Garcidueñas me ofreció que me quedara un año más como gerente de Relaciones Públicas, organizando el proyecto de lanzamiento de una nueva atracción. Al inicio lo rechacé, pues no me veía en ese lugar por tanto tiempo, pero como me gustan los desafíos y era algo totalmente diferente a lo que estaba acostumbrada, acepté la propuesta.

Tuve que adaptarme a un nuevo equipo de personas, quienes ya traían una dinámica definida: venían de Reino Aventura, el anterior parque de diversiones. Me conduzco como un espíritu libre, así que tener un horario establecido también fue desafiante. Como tiendo a ser muy franca, sin filtros, tuve que aprender a mejorar mi tono de voz y mi forma de expresarme. Aprendí a pensar en el personal como un engranaje en el que era fundamental que todos estuviéramos bien y en todo momento comunicados. Además, convencí a la directora de Relaciones Públicas del corporativo —con sede en Estados Unidos— de que confiara en mi experiencia de cómo ejercer mi trabajo para beneficio de la empresa. Esto me permitió romper esquemas en la estructura del corporativo y *tropicalizarlo* al parque. Busqué la forma de cómo activarlo, cómo *sí* hacer conciertos, cómo *sí* lograr que Six Flags tuviese presencia continuamente en los medios de comunicación, cómo *sí tropicalizar* los proyectos que venían desde la sede de Estados Unidos, cómo materializar cada una de mis visiones. Conocí cada área del parque, desde barrer, ayudar a que la gente estacionara sus autos, vender pizzas, palomitas y refrescos. Aprendí a hacer de todo.

Ese trabajo que debía durar seis meses se convirtió en una gran escuela de cuatro años que me enseñó lineamientos que ahora aplico en mi vida diaria. Por supuesto, hubo momentos en los que quería tirar la toalla y regresar a lo que estaba acostumbrada, pero cuando puse en una balanza mi compromiso y mi palabra, seguí adelante. Afortunadamente hice un gran equipo con Pepe, quien hasta hoy es uno de mis mejores amigos. Él confió en mí para llevar al parque y a parte de su equipo al siguiente nivel, y me apoyó para crear programas de relaciones públicas que mantienen a Six Flags México presente en diversas instituciones hoy en día.

Por experiencia, te aseguro: *valorar tu palabra* te llevará a lugares inesperados que te ayudarán a avanzar en el camino de tus sueños. Así como decir "no" está permitido, si aceptas algún compromiso, *cúmplelo*, así tengas que hacer hasta lo imposible. Tu palabra tiene un valor; tus acciones deben de ser congruentes con lo que piensas, dices y predicas. No tiene importancia si te da flojera, si prefieres hacer otra cosa o se te olvidó: *tú* diste tu palabra y debes honrarla. Sólo así la gente confiará en lo que le dices y te respetará por ello.

David Copperfield, Luis Miguel, Alejandro Fernández, Chayanne, Cristian Castro, Marco Antonio Regil, Jaime Camil, Saúl Lisazo, Mauricio Islas son algunos de mis exjefes que han confiado ciegamente en mi trabajo, en mi persona y en mi palabra. Algo que me ha distinguido con los talentos ha sido que siempre les he dicho las cosas de frente, sin rodeos, la verdad ante todo, aunque duela. Ésa ha sido la clave para construir con todos ellos una relación de valor y de largo plazo.

TIEMPO DE REFLEXIÓN

Haz una lista de todas las personas con las que acordaste hacer una actividad la semana pasada. ¿Cuántas veces cumpliste? ¿Cuántas veces dejaste de cumplir tu palabra? Solamente tú sabes la verdad, trata de no autoengañarte. Sé honesto con tu persona. Procura cumplir con tu palabra: ésa es tu llave maestra para abrir muchas puertas.

El valor de saldar tus deudas

Es mejor acostarse sin cenar que levantarse con deudas.

=BENJAMIN FRANKLIN=

Para avanzar en la vida es vital soltar cualquier peso que te esté hundiendo. Eso incluye saldar tus deudas, ya que no hacerlo te mantiene energéticamente en una situación de carencia económica.

Es un ancla que te impide seguir adelante y que, con el tiempo, te hunde.

Si estás endeudado, tal vez pongas excusas como "no me alcanza", "surgió un imprevisto" o "lo pago en la próxima quincena", pero la realidad es que no le das prioridad y prefieres dejarlo para ese después que *nunca llega*.

Si eres honesto contigo mismo, sabrás que siempre se puede, es una cuestión de decisión. No gastes en cosas innecesarias, ya que el dinero deja de ser tuyo desde el instante en el que se lo debes a alguien. Mi padre nos solía decir: "No gastes más de lo que ganes o por encima de lo que puedas producir". Cuánta razón tenían sus sabias palabras. Si quieres abundancia económica, empieza por liberarte de la carga que un adeudo implica: salda tus deudas.

MANOS A LA OBRA

Haz una lista de todas las personas a las que les debes dinero.

Comprométete a saldar esas deudas poco a poco. Haz un plan de pago. Puedes ir abonando desde 10 pesos cada vez; sin importar la cantidad, pon tu intención y tu acción en ello.

No sé a ti, pero a mí me molesta cobrarles a las personas. Más allá de eso, el hecho de que pongan un sinfín de pretextos me incomoda. Si no vas a cumplir con un acuerdo o no vas a ser cien por ciento honesto, te recomiendo que *no* pidas prestado o evites hacer negocios.

NO ES MÁS RICO
el que tiene más
SINO EL QUE
necesita menos.

> ***Dime cómo usas tu tiempo libre y cómo gastas tu dinero y te diré dónde y qué serás dentro de diez años.***
> Napoleón Hill

Tener una economía sana es el primer paso para ahorrar y tener libertad financiera. ¿Cuál es la diferencia entre una y otra situación?

El *ahorro* te permite separar parte de tus ingresos para utilizarlo en algún fin que te hayas planteado previamente. Por ejemplo, algunos de los sueños, metas u objetivos que pusiste en tu tablero. Desarrollar ese hábito te impulsará a lograr tus objetivos con mayor facilidad.

En cambio, la *libertad financiera* está relacionada con alcanzar un estado de *bienestar económico*; es decir, tus ingresos cubren tus necesidades básicas, y esto te permite utilizar tu tiempo en lo que tú quieras, sin preocupaciones. ¿Suena demasiado bueno para ser verdad? ¡Es posible!

Aprende a cobrar

Entre las cosas que más le cuestan al ser humano está el valorar su trabajo. Muchas personas, y aquí me incluyo, lo hemos regalado por muchos años, por miedo a decirle al cliente lo que vale y entonces no obtener el proyecto o empleo. He aprendido que el "no" ya lo tienes asegurado desde un principio, mientras que el "sí" siempre es una posibilidad.

No tengas miedo a ponerle un valor a tu trabajo. No lo minimices. Si tú no le das mérito al esfuerzo y tiempo que invertiste para adquirir tus conocimientos, nadie más lo hará. Si estudiaste una carrera universitaria o con la vida misma, y sabes que eres excelente en lo que haces, date el valor que mereces, siempre y cuando tengas en el radar la importancia de desempeñarte con excelencia y las múltiples opciones que puedes poner en la mesa al ofrecer tus servicios. Por ejemplo, hoy en día, con toda la tecnología que está a nuestro alcance, es posible cobrar por un trabajo a distancia como una asesoría o una consultoría; la primera se refiere a orientar y dar propuestas de solución en temas de largo plazo a una persona o empresa, mientras que la segunda se relaciona con dar una opinión especializada sobre un asunto específico.

Otra recomendación es que seas muy honesto con lo que estás cobrando. ¿Has escuchado la expresión: "De acuerdo al sapo es la pedrada"? Yo también, pero eso no es íntegro, porque habla de quién eres tú. Cobra lo justo, lo que corresponda a los horarios, a las horas de inversión, al esfuerzo que requerirá y a la calidad de tu trabajo. No abarates un proyecto o un producto, porque la consecuencia es que lo rebajas y el cliente no valorará lo que recibe ni el tiempo que le dedicas, lo que inevitablemente afectará tu desempeño. Valórate como ser humano y profesionista. Sin embargo, también es fundamental que aprendas a ser flexible. Yo he dejado de contratar a excelentes profesionales por su mala actitud y poca adaptabilidad. En una ocasión, le pedí a un extraordinario diseñador que trabajaba para mí que me apoyara con un cambio en un diseño que me había hecho. Su actitud me sorprendió: olvidó por completo que siempre lo apoyaba cuando me lo pedía y que lo recomendaba con mis contactos, así que decidí dejar de contratar sus servicios. Lo que te aconsejo es poner en una balanza lo que recibes y lo que das hasta encontrar un punto medio.

Cuando, tras unos años de trabajar fuera, regresé a Tijuana en 2007, busqué oportunidades para reinventarme y reactivarme. Una de ellas se presentó con una pareja de "amigos". Me platicaron de un proyecto que me emocionó tanto que acepté hacerlo. Sin embargo, cometí el grave error de no pedirles un adelanto.

Viajé a Los Cabos con un socio mío para organizar el evento: hicimos ejercicios de integración, *coaching*, trabajos en equipo y otras dinámicas. Cuando llegó el momento del pago, se negaron a darlo con una serie de mentiras. Por supuesto que fue un gran golpe para mí, ya que me costó mucho dinero y una amistad de más de 35 años. Aprendí la importancia de pedir siempre un anticipo y de aprender a cobrar. Al final, la vida es un constante aprendizaje, donde la toma de decisiones y las consecuencias te hacen crecer.

Hoy por hoy, ya no me da miedo decir: "Te cobro tanto, porque lo valgo, porque tengo conocimientos, porque sé qué es lo que ofrezco y te garantizo que haré un excelente trabajo. Confía en mí". Hasta apenas hace unos años comprendí lo que tanto me decía mi papá: "Hijita, busca siempre lograr el 80/20: 80% de ingreso, 20% de esfuerzo".

Esto no quiere decir que hagamos las cosas a medias o con desgano; al contrario, significa que elijamos aquellos proyectos que vayan acorde con nuestros planes de vida y les demos el 150% y un extra más, lo que nos permitirá ser productivos y tener tiempo para nosotros y nuestra familia. Sin temor a equivocarme, la mayoría de las personas aplican la fórmula al revés: 80% de esfuerzo y 20% de ingreso, lo cual les produce un fuerte desgaste físico, mental y emocional sin una remuneración que iguale las horas y el esfuerzo invertido. Te comparto las sabias palabras de mi padre para que tú aprendas lo mismo, dándole valor a tu trabajo y conocimiento.

Las famosas 3 B

Quisiera hacer una pausa para preguntarte, ¿por qué es tan fácil pedir que algo sea bueno, bonito y barato, y cuesta más decir que se quiere un producto o servicio con excelencia, de calidad, dándole el valor adecuado? Me encantaría tener la respuesta, pero no la tengo; sin embargo, de lo que sí estoy segura es de que a muchos de los que ofrecen sus servicios no les gustaría que les pidieran que fuera bueno, bonito y barato.

La frase "bueno, bonito y barato" es muy popular en nuestro país, porque todos queremos algo de calidad, bien hecho, pero sin pagar lo que realmente vale. A veces por amistad o por no querer perder el negocio, prostituimos la profesión, trabajo, producto o servicio pidiendo unos pocos billetes por lo que vale mucho más.

Aunque es cierto que no nos han enseñado a cobrar como se debe nuestro trabajo o producto, considero de suma importancia observar por qué las 3 B son parte de la vida cotidiana, porque claro está que lo de "bueno y bonito" no siempre resulta, y sólo terminamos ahuyentando a clientes potenciales. Al final del día, lo barato sale muy caro, y esto aplica en todo, tanto en las relaciones como en la forma de pensar.

En lo personal me ha costado aprender a cobrar, pero cuento con más de 36 años de experiencia y sé el conocimiento, la pasión y el esfuerzo que pongo a todo lo que hago. Eso tiene un *valor*. Tu trabajo también lo tiene, así que te invito a que cambies el chip, y en lugar de pedir y dar un servicio de 3 B, solicites y ofrezcas un servicio de **EUC: Excelente, Único** y de **Calidad.**

Cinco acciones con poder

09

Enfócate en la importancia de construir rela-
ciones a largo plazo, ya sean con compañeros,
parejas o clientes. Es fácil caer víctima de la
satisfacción inmediata.

=Sheila Lirio=

L a universidad de la vida me enseñó cinco valores que considero los pilares para construir y sostener cualquier tipo de
relación. Cada uno es una pieza importante del rompecabe-
zas y tiene su propio peso, valor y significado.

Respeto

"El respeto al derecho ajeno es la paz", dijo Benito Juárez, y estaba
en lo cierto: es la base de la sociedad. Respetarte a ti y a quienes
te rodean es uno de los pilares para construir tu marca personal.
Este valor significa demostrar consideración contigo y con el otro,
ya sea en los compromisos que asumes o en las situaciones que

EL RESPETO COMIENZA
POR UNO MISMO.
ESTABLECER LÍMITES
ES ESENCIAL PARA
CONSTRUIR UNA
RELACIÓN SANA
Y EQUILIBRADA CON
TU ENTORNO Y CONTIGO
MISMO.

se presentan. A diario surgen oportunidades para mostrarlo o dejarlo de lado; depende de ti la decisión. Por ejemplo, es una falta de respeto estar en una conversación y que tu interlocutor esté revisando constantemente su celular; llegar tarde a una junta, o que te atienda un doctor una hora después de tu cita. En cambio, es una muestra de respeto no tirar basura en la calle o cumplir los tiempos de entrega. Pueden parecer minucias, pero no lo son.

Debido a que siempre busco hacer mi trabajo con excelencia, cuando se acerca la fecha de algún evento que coordino tengo cero tolerancia con las equivocaciones. Esto porque sé lo que mi cliente espera de mí, lo que me impulsa a dar mi mejor esfuerzo y a pedir lo mismo de mi equipo de trabajo. Sin embargo, sin importar qué tan presionada esté o cuánto estrés sienta, siempre procuro dirigirme a ellos de la mejor manera. Reconozco que me sale *lo Torres*, pero eso sí, aunque levante la voz, no les falto al respeto.

CONSERVA TU FUERZA INTERNA PARA BUENOS PROPÓSITOS.

Ser flexible en las situaciones de estrés ayuda a resolverlas mejor, puesto que tu energía y tu tiempo no se desperdician en enojos inútiles y se enfocan en encontrar soluciones que defiendan tu postura, aunque se presente una confrontación.

INICIA TU SEMANA SIENDO MÁS CONSCIENTE DE TUS ACCIONES:

- Piensa un segundo antes de comentar algo.
- ¿Tus acciones te han dado un fruto negativo o positivo?
- ¿Cómo te sientes al final de tu día?
- Analiza tu situación y contexto antes de tomar acción.
- ¿Te sientes satisfecho con tus decisiones?

Confianza

La confianza está basada en los hechos; consiste en despreocuparse de la idea de que alguien nos falle. ¿Cuántas veces hemos escuchado: "Confío en ti" de nuestros padres, amigos o maestros? Confiar ciegamente en una persona toma su tiempo; perderle la confianza puede tomar un segundo. Esto se debe a que esta valiosa llave se construye con acciones. Por ejemplo, en lo profesional y en lo personal, sentimos seguridad de ciertas personas, marcas o instituciones por sus acciones del pasado, por el valor agregado, lo que genera una relación tanto o más fuerte que la de una amistad. Este tipo de vínculos generan resultados positivos, porque toman en cuenta tanto la emoción como la razón.

Un relacionista público que hace bien su trabajo es el perfecto cómplice. La relación entre un RP y su cliente debe estar *basada en la confianza*.

Mantener la información "bajo llave", para mí, es una de las características más importantes de la disciplina. Cuando trabajé con David Copperfield, tuve acceso al esquema de su *show*. Veía todos los secretos de su *performance* tras bambalinas, y a pesar de eso, nunca firmé un contrato de confidencialidad. La discreción es una de mis virtudes, y la cultivo porque sé lo importante que es en el medio y en cada ámbito de la vida.

La información privada de otras personas para mí es sagrada, sean famosas o no. Revelar secretos o intimidades de alguien dice más de ti que de quien hablas. El mundo profesional opina lo mismo; mucha gente es desestimada por imprudente. Sé honesto sin dar más información y caminarás con paso seguro.

En una de las visitas a México de Copperfield con su entonces novia Claudia Schiffer, fuimos al Magic Circus, la discoteca de moda. Ahí se encontraba un periodista famoso con el que el ilusionista había entablado una amistad. Invitó a David y a Claudia a una cena *petit comité* en su honor en un restaurante de Polanco. Ellos accedieron, y todos agendamos el compromiso, pero a mí algo no me cuadraba. El día del evento, antes de bajarnos de la limusina, les pedí a David, a Chris —su mánager— y a Claudia que me permitieran verificar si todo estaba en orden. Para mi sorpresa, había más de 25 periodistas, varios fotógrafos, personalidades, políticos y otras figuras públicas, sentados en una larga mesa esperándolos. Me regresé y les recomendé irnos a otro lugar, porque el periodista no había sido honesto y abusó de la confianza de David y Claudia: los había invitado a una cena privada, cuando en realidad quería aprovechar su presencia para promover el lugar.

La confianza es la esperanza que tiene un individuo en alguien más y puede reforzarse o debilitarse por las acciones.

En el periódico del día siguiente apareció que David Copperfield se había dado a la fuga por instrucción mía. Hablaron mal de mí, pero yo lo vi como algo positivo, ya que mi papel era ver por ellos. De hecho, sentí orgullo de que David confiara en mi consejo.

Te comparto este ejemplo con la intención de que puedas dimensionar la importancia y el valor de construir relaciones a largo plazo basadas en la confianza de tus clientes, amistades, colegas y proveedores. *Tú* eres responsable de construir, día a día, con tus acciones, esta confianza.

TIEMPO DE REFLEXIÓN

Anota en un papel quiénes son tus personas de confianza. Escribe al lado de su nombre por qué confías en ellas.

Ahora haz el mismo ejercicio a la inversa: ¿eres la persona de confianza de alguien? ¿Por qué?

Por último, reflexiona si alguien ha perdido alguna vez la confianza en ti. Si la respuesta es afirmativa, incluye ejemplos de por qué ha ocurrido esto.

Credibilidad

Hay una historia muy conocida sobre un pastor llamado Pedro, quien miente a los habitantes del pueblo en el que vive, advirtiéndoles que viene un lobo a comerse sus ovejas. Al inicio le creen porque no tienen ningún argumento para pensar lo contrario. Sin embargo, después de repetidas ocasiones en las que comprueban que les miente, las personas dejan de confiar en él. Un día el lobo aparece, y el muchacho grita pidiendo ayuda, pero ya nadie lo escucha, ya que tiene fama de mentiroso. El lobo termina comiéndose las ovejas de Pedro. Ésta es una historia sobre la credibilidad, que es el valor de la palabra y va de la mano con la confianza. Se construye a corto, mediano y largo plazo, y se debe cuidar siempre, debido a que son las acciones las que la construyen o la debilitan.

El mejor aval que puede tener una persona o empresa es *la recomendación de boca en boca*. Yo obtuve mi trabajo con David Copperfield de esa manera, porque quien me escuchó decir que quería trabajar con los famosos me creyó, conocía mi desempeño y me ayudó a tener esa oportunidad.

Sin embargo, si no hubiese dado mi 150% y demostrado de lo que era capaz, hubiera perdido la credibilidad y nadie me habría recomendado con artistas. Lo mismo ocurrió cuando me contrataron para realizar el evento de lanzamiento de American Online y en varios de mis otros empleos.

En cambio, cuando alguien fundamenta sobre mentiras sus relaciones con amistades y colegas, su círculo tiende a desmoronarse a causa de que ha levantado todo su alrededor en una base frágil, que se vendrá abajo tarde o temprano.

La falta de credibilidad te separa de las personas, te aísla: nadie quiere escuchar a alguien que miente. No hay una comunicación real, ni puede haber una relación, porque no hay nada provechoso en hablar sobre premisas que no son verdaderas. Elige fomentar tus relaciones en una base sólida, sustentada en la honestidad, en la confianza y en la credibilidad.

> *El que se gana la credibilidad ahorra palabras.*
> Jorge Valdano

Compromiso

El compromiso es una de las virtudes de la que la mayoría de la gente carece. "Mañana te hablo", "mañana te pago", "mañana te aviso" son algunas de las excusas que se utilizan para evitar cumplir con las responsabilidades, ya que no se tiene en el radar la importancia de la palabra, tema del que ya hablé en el capítulo anterior. *Honrarla* para que tu entorno te reconozca por ser comprometido te abre más puertas de las que tú crees. Todos, absolutamente todos, queremos contar con ese tipo de personas para hacer negocios, sacar adelante los estudios, mantener una amistad o construir una relación de pareja. Se trata de comprometerse contigo, con los demás y con los objetivos que te propongas, aunque implique dar más de ti.

Aunque Six Flags me contrató para trabajar un año en un proyecto de lanzamiento, por una situación ajena a nosotros éste se extendió a cuatro años, lo que requirió un cambio de planes de 180 grados y adquirir cientos de responsabilidades mientras se concretaba. Mi mamá se encontraba enferma; esto implicaba que volara continuamente a Tijuana para verla. Aun así no abandoné mis obligaciones hasta que logré lo prometido. Había hecho un compromiso con Pepe Garcidueñas, así que hice todo lo necesario y más. Son esas acciones las que hacen que mis clientes, amigos y familiares confíen en mí.

Ser comprometido es una convicción que sale del corazón. No es cumplir porque existe un contrato de por medio, sino porque tu palabra tiene un valor. Si las personas reconocieran su importancia, el mundo avanzaría mucho más. El éxito de un negocio se basa, en un gran porcentaje, en el compromiso por parte de su capital humano. En resumen, el compromiso es lo que transforma una promesa en realidad; es la palabra que habla con valentía de nuestras intenciones; es la acción que se escucha más alto que las palabras; es hacerse el tiempo cuando no lo hay; es cumplir con lo prometido cuando las circunstancias se ponen adversas. Al comprometernos, ponemos al máximo nuestras capacidades para sacar adelante cualquier responsabilidad adquirida.

*El compromiso es una gran parte
de lo que soy y lo que creo.
¿Cuánto estás comprometido para ganar?
¿Cuánto estás comprometido
para ser un buen amigo?
¿Para ser de confianza? ¿Para ser exitoso?*

Lebron James

TIEMPO DE REFLEXIÓN

Al iniciar este libro, te comprometiste contigo mismo a dar los pasos necesarios para cristalizar tu sueño. Detén la lectura y haz un recuento: ¿estás realizando las actividades que te ayudarán a alcanzar lo que te apasiona?, ¿has hecho los ejercicios? Si es así, felicidades: vas por excelente camino en esta carretera que es la vida. Si no, no te preocupes, pero rectifica y ponte en acción. Regresa a las partes de la lectura que necesites y mantente motivado.

Reputación

La reputación representa la opinión y el respeto que muestran las personas por un hombre o mujer, una marca, una empresa, una institución, un gobierno, entre muchos otros ejemplos, y se construye con los comportamientos.

Tus acciones frente a tus maestros, papás, empleados, jefes, vecinos, tienen un efecto dominó en tu presente y futuro. Siempre debes tener presente en la mente cómo estás actuando y cuál es la intención de hacerlo.

Suele confundirse la *reputación positiva* con la *popularidad*; pero no son lo mismo. La primera puede tardar años en fortalecerse y derrumbarse en segundos, aunque cuanto más consolidada esté, más ataques puede soportar y más sencillo es recuperarla. La segunda puede ser pasajera, y además, no necesariamente una figura pública popular goza de buena reputación. Hay muchos ejemplos que me vienen a la mente: la *youtuber* Rawvana, Lance Armstrong, Tiger Woods, Mark Zuckerberg, Charlie Sheen, Ellen Degeneres, entre otros. Te recomiendo que investigues los casos de cada uno. ¿Crees que valió la pena que arriesgaran su reputación? Los escándalos ocupan el lugar principal en su imagen por encima de su desempeño.

En cambio, cuando una marca o personalidad ha trabajado en su reputación, aun cuando llegue una crisis, puede salir bien librada, porque tiene cimientos que la respaldan, aunque se ponga en tela de juicio alguna práctica o comportamiento incorrecto. Por eso sé que el mayor proyecto de cada persona es construirse a sí misma.

Afortunadamente el mejor ejemplo lo tuve en casa. Mi padre construyó a base de comportamientos, acciones y entrega una reputación impecable. Fue un arquitecto muy reconocido. En cada una de sus obras, plasmó su pasión, conocimientos y excelencia. Hacía que sus clientes disfrutaran el proceso de principio a fin.

Entregó su vida a Rotary,* su segundo hogar. Aun después de su partida, es muy gratificante ver cómo mi papá sigue presente y, lo más bonito, cómo su presencia en vida impactó a tantas personas de manera positiva, dejando amor y una gran admiración en todos los que conoció. A mis hermanas, mi sobrino y a mí nos siguen diciendo que no han conocido a un ser tan extraordinario y ejemplar como lo fue él.

Su *actitud* ante cualquier circunstancia de vida fue lo que le dio la entereza para salir adelante de las adversidades, por lo que también construyó una reputación de haber sido un hombre *perseverante*, dispuesto a asumir sus equivocaciones y a comenzar de nuevo si era necesario.

Siempre será recordado como un hombre respetado, y una de sus grandes enseñanzas fue recordarnos la importancia de ser personas íntegras.

---

* Red mundial compuesta de más de un millón de vecinos, amigos, líderes y personas dedicadas a solucionar problemas, quienes ven un planeta en que las personas se unen y toman acción para generar un cambio perdurable en el mundo, sus comunidades y en sí mismos.

TIEMPO DE REFLEXIÓN

Éste es un ejercicio para que descubras algo nuevo de ti.

Elige a algunas personas de tu confianza. Por separado, y cuando tengas oportunidad de hablar con ellas o de verlas, pídeles que te describan en una sola palabra. Toma nota de ella.

Ahora pídeles que te digan por qué te definieron así.

Luego reflexiona, ya en tu intimidad, si estás de acuerdo con su definición y su explicación. Te darás cuenta de que, aunque no lo parezca, las personas tienen una idea de quién eres, basada en aquello que más te caracteriza y que tal vez ni siquiera has notado.

Los ojos de los que nos rodean están sobre nosotros, y si bien tenemos todo el derecho de hacer lo que queramos, también debemos saber que compartimos el hogar con la familia; nuestra zona con los vecinos; la escuela y la universidad con nuestros compañeros; el país con los paisanos, y el mundo con el resto de los seres humanos. La reputación que tengamos influye en nuestras relaciones con todos ellos y es una pieza clave para cristalizar nuestros sueños.

10

Tu reputación *virtual*

Se necesitan veinte años para construir una
reputación y cinco minutos para arruinarla.

=WARREN BUFFETT=

En el mundo actual tenemos doble reputación: por un lado, la que cultivamos con las personas que conocemos personalmente (de la que hablé en el capítulo anterior); por el otro, la virtual, que consiste en la *imagen* que una marca personal, producto o empresa refleja a través de internet, y que puede ser positiva o negativa. Aunque pocas veces somos conscientes de ello, ésta afecta cada vez más nuestras relaciones interpersonales fuera de la pantalla, porque es un reflejo de nuestra personalidad.

Las redes sociales se han vuelto parte de nuestras vidas; sin embargo, las personas aún no dimensionan el *alcance* y *repercusión* que tiene escribir un tuit, subir un post, reenviar un correo electrónico o tener determinada foto de pantalla en una conversación por chat.

> **LO QUE ESCRIBIMOS EN LAS REDES SOCIALES ES NUESTRA HUELLA DIGITAL; CÓMO NOS COMPORTAMOS EN EL DÍA A DÍA ES** *nuestro sello personal.*

Es sorprendente ver la cantidad de información que se sube a diario a las redes y que a veces expone de más al usuario por no medir las consecuencias. Lo anterior me lleva a pensar que poca gente es consciente de la importancia de cuidar su reputación virtual.

Toma nota: las empresas, los despachos de cazadores de talentos y, en ocasiones, los inversionistas revisan las redes sociales de los posibles candidatos para saber si son idóneos para otorgarles el puesto o el préstamo que solicitan. Incluso las universidades lo hacen para tomar decisiones importantes como a quién sí y a quién no otorgarle una beca.

Recientemente me comentaron del caso de un joven mexicano cuyo mayor anhelo era ingresar a Harvard. Tenía noventa por ciento del trámite de beca a su favor y sólo faltaba el último filtro: la revisión de redes sociales. Para sorpresa de muchos, el comité de becas se encontró con que, tiempo atrás, el muchacho había hecho publicaciones agresivas en contra de las mujeres. Por ese motivo le negaron la ayuda económica y su sueño se vio truncado.

RECUERDA QUE TODO, ABSOLUTAMENTE TODO LO QUE PUBLICAS EN LAS REDES SE QUEDA PARA SIEMPRE: ES TU HUELLA DIGITAL Y EL REFLEJO DE TU MARCA PERSONAL.

Imagínate que eres el representante de una marca, de una empresa o de un grupo de trabajo. Lo que publiques se asociará con tu empleo y el de las personas que representas. Nunca fue tan importante entender que lo que hacemos tiene consecuencias, hasta lo que en teoría parece inofensivo. Todos los días y en todo momento estamos expuestos al mundo virtual.

En algunos países, los corporativos ya cuentan con un *director de Reputación*, responsable de la marca, la reputación, las relaciones públicas/asuntos públicos, la gestión integrada y la coherencia y consistencia efectiva y eficiente de todas las comunicaciones internas y externas, en todos los puntos de contacto físicos y virtuales, con el fin de crear un entorno favorable. Este puesto surgió a raíz de las innumerables crisis en redes sociales que experimentaron diversas empresas, compañías, personalidades y políticos.

Años atrás no estábamos tan expuestos como en el presente. Cada segundo, cada minuto y en todo lugar hay alguien que tiene un dispositivo móvil, que con un solo *clic* puede destruir tu imagen y reputación. Si vas a asistir a una fiesta con desconocidos es importante que cuides tu comportamiento, porque no sabes quién está viendo o grabando. Hay una gran diferencia entre divertirse sanamente y perder el control.

El mundo en línea puede parecer más abstracto, más lejano, por eso la gente tiende a ser más atrevida en él. No obstante, en la práctica, resulta que la identidad es una combinación de tu vida virtual y tu vida diaria. Por ese motivo muchas personas ahora registran todo lo que viven y publican todo lo que hacen. Se vuelve adictivo y, aunque parezca increíble, en muchos casos lo viven como más importante que las experiencias en sí.

Sin embargo, para quienes viven de su imagen es delicado publicar absolutamente todo, porque pierden su privacidad. Estar expuesto tiene desventajas: todo se hace público y puede perjudicar en un futuro no muy lejano. Te recomiendo ser congruente, consciente y responsable de cada publicación. Créeme, hasta el más mínimo detalle cuenta.

TIEMPO DE REFLEXIÓN

Revisa con cuidado tus redes sociales y analiza tus publicaciones. Reflexiona: ¿estás proyectando la imagen que quieres? Si no es así, elimina aquellos comentarios o fotografías que perjudiquen tu reputación. Una vez hecho esto, comprométete contigo mismo a ser consciente de lo que subes a Facebook, Instagram, Twitter o cualquier otra plataforma pública que utilices.

Así como cualquier material publicado se puede convertir en una amenaza, también puede ser una oportunidad. De hecho, compartir tu vida en segundos con miles o millones de personas es un poder si lo utilizas a tu favor. Lo primero es entender que las redes no son un espacio para ser irreverente, sino para mostrar un lado personal, que igualmente es público.

Procuro tener mis redes sociales bien cuidadas. No soy una mujer perfecta, he cometido *muchas equivocaciones* a lo largo de mi vida, y las experiencias me enseñaron a ser más consciente y responsable sobre mis decisiones y consecuencias. No obstante, aprendí la importancia de dejar una huella positiva con mis comportamientos que, a su vez, se verán reflejados en mis redes. Por eso te aconsejo que tengas presente la importancia de usarlas a tu favor.

Sé prudente, congruente, ecuánime y responsable de cada palabra, foto o expresión. No los subestimes, porque en un abrir y cerrar de ojos pueden acabar con tu reputación o con un sueño que anhelas.

#TipsToniTorres

1. Presta atención a *todo* lo que dices y compartes.
2. Mantén *privadas* las cosas *privadas*.
3. Las *mentiras* tienen patas cortas.
4. Permanece siempre atento: alguien más puede perjudicarte si bajas la guardia.
5. Tu avatar e imágenes son una extensión de ti. Así como cuidas tu aspecto físico y tu reputación en la vida real, hazlo en línea. Son tu tarjeta de presentación virtual.
6. Una foto, un comentario, una historia pueden ser usados en tu contra.
7. El pantallazo puede ser tu aliado o tu enemigo.

8. Sé consciente de las conversaciones que tienes y de la información que compartes, nunca sabes si pueden ser utilizadas para perjudicarte.

9. Siempre habrá una *consecuencia*; asúmela y hazte responsable de tus acciones.

Recuerda:
Tu huella digital es el rastro que dejas al navegar
en internet y puede afectar
tu reputación virtual.

Construye tu marca *personal*

11

La marca personal enlaza tus pasiones, tus atributos clave y tus fortalezas con una proposición de valor, dejando claro lo que te diferencia de los demás.

=Tom Peters=

Cuando nos referimos a la imagen, por lo general, lo primero que nos viene a la mente es el cómo nos vestimos; sin embargo, es fundamental saber que la vestimenta sólo es una parte de lo que queremos proyectar de nosotros mismos. La ropa, el pelo y otros aspectos de apariencia; el acento y la forma de hablar; el lenguaje verbal y no verbal, así como nuestras acciones, son nuestra carta de presentación ante los demás. Al analizar cómo reaccionan ante todos estos factores, podemos descubrir lo que piensan acerca de nosotros y cómo nos perciben.

LA IMAGEN SE BASA EN PERCEPCIONES; LA REPUTACIÓN SE BASA EN *comportamientos.*

El comportamiento social se parece al manejo de un coche. Quizá te parezca un poco extraña esta analogía, pero es verdadera en dos aspectos importantes: en ambos casos, el conductor se propone llegar a una meta, y por otra parte debe demostrar su habilidad para ello. Conducir con éxito nuestro comportamiento es leer los letreros del camino y compararlos con el mapa. Si no distinguimos nuestra derecha de nuestra izquierda, el norte del sur, nos meteremos en dificultades. Reconocer las señales que la gente nos envía nos servirá para mejorar nuestra imagen interior y proyectarla al exterior.

MANOS A LA OBRA

1. Anota en una libreta cómo te percibes, la imagen que tienes de ti mismo.
2. Escribe tus comportamientos generales en tu día a día. Por ejemplo, si levantas tu plato al terminar de comer o das las gracias cuando alguien te ayuda.

3. Pídele a alguien cercano a ti que te observe y te dé su punto de vista en cuanto a tu imagen y comportamientos.

4. Compara las dos listas de notas. ¿Son similares? ¿La visión que tiene de ti no es la que tú tienes de ti mismo? Si es el caso, analiza en qué puedes mejorar y toma acción.

¿Sabías que tu marca personal empieza por encontrar la respuesta sobre quién eres como ser humano, cuáles son tus talentos, capacidades, habilidades? Te recomiendo que más allá de un currículum, de un título, te hagas esta pregunta a ti mismo: "¿Quién soy yo?". Alguien que tiene la claridad para responder y forjar su marca personal inspira a otros a ser mejores personas, a cristalizar sus sueños. Es un agente de cambio que da su 150% en todo lo que hace, porque sabe cuál es su propósito de vida.

El mercado es muy competitivo, así que no sólo vendes lo que haces, sino lo que eres. Pueden existir muchas personas que se dediquen a lo mismo, pero no serán tú. En consecuencia, podrás optar por mejores oportunidades con las personas correctas, que atraerás con tu imagen, palabras y acciones.

Tengo clientes desde hace 35 años, quienes confían en mí porque he fortalecido mi marca a base de confianza, credibilidad, compromiso, respeto y reputación. Sí, tuve muchos tropiezos, y sin duda los sigo teniendo, pero sé que cada uno de mis actos construye mi camino, por lo que siempre he sacado la casta ante las adversidades.

Recuerda que eres único, inigualable, irrepetible y puedes llegar a donde te lo propongas, pero debes aprender a comunicar bien quién eres, cómo eres y adónde quieres ir, para atraer a la gente a quien de verdad le interese conocerte y que necesite de lo que tú haces o viceversa. Confía en ti: puedes tener la oportunidad que elijas, siempre y cuando fortalezcas la relación que tienes contigo mismo y con tu entorno. Eso te abrirá las puertas.

Hay una razón por la que reconocemos unas marcas más que otras. Sí, la publicidad y el marketing tienen un papel importante, pero son las relaciones públicas las que perfilan la diferencia entre personas famosas, empresas, instituciones y público.

Si hoy te pregunto cuántas relaciones a largo plazo has construido, ¿qué responderías? No me refiero a estar en contacto diariamente con alguien, sino a poder levantar el teléfono en cualquier circunstancia en la que requieras apoyo y saber que cuentas con la persona.

He observado a lo largo de los años que la gente se olvida de construir sus relaciones públicas *con consciencia*, y hago énfasis en esta palabra porque responsabilizarte de tus comportamientos deriva en responsabilizarte de tus resultados. Para mí, las relaciones públicas conscientes se definen como las relaciones que diariamente tenemos con las personas que nos rodean, donde nuestros comportamientos y acciones repercutirán a corto, mediano y largo plazo en la construcción de nuestra reputación, credibilidad y confianza.

Independientemente de la profesión, actividad u oficio al que te dediques, *siempre* destaca los valores que te harán crecer en el ámbito en el que te desenvuelves y procura trabajar en tus áreas de oportunidad. Yo creo fielmente que los cinco valores con poder que vimos en el capítulo anterior —respeto, confianza, credibilidad, compromiso y reputación— te permitirán construir tu marca personal y mantener una imagen positiva, porque son la base de todo, siempre que tengas también en mente que la vida es un constante aprendizaje en el que debes encontrar tu propio estilo.

Recuerda que todos los días aportamos un granito de arena para dejar nuestra huella en el mundo. El poder de tu marca personal va más allá del reconocimiento. Su valor está en la capacidad de influir de manera positiva en tu vida y tu entorno, en tener claro tu propósito, en entregarte con pasión a todo lo que haces, en ser agradecido. En resumen, en ser un agente de cambio. *Cada uno es su propia marca*: cada detalle, cada palabra, cada expresión cuenta, ya que nunca sabes si estás conviviendo con la persona que, en un futuro cercano, te ofrecerá el proyecto de tus sueños.

¿QUÉ ESTÁS HACIENDO HOY PARA CONSTRUIR TU MARCA PERSONAL?

#TipsToniTorres

1. Recuerda: *construyes* con acciones; *destruyes* con palabras y promesas que dejas sin cumplir.

2. En tu empresa y en tu persona todo comunica. Cuida tus expresiones, ortografía, limpieza, detalles y reputación.

3. Ten presente que tus comportamientos son tu carta de presentación; no desestimes las normas sociales.

4. Hoy el mundo ha cambiado, y estás bajo la lupa 24/7. El primer ladrillo para construir tu imagen es el respeto hacia tu persona.

5. Con tus acciones puedes mejorar tu entorno y provocar un efecto dominó positivo. Siéntete orgulloso de ser parte de ese cambio, porque transformar el mundo empieza en la transformación de ti mismo.

12

Una vida en
equilibrio

> *La única manera de hacer un gran trabajo es amar lo que haces. Si no has encontrado todavía algo que ames, sigue buscando. No te conformes. Al igual que en los asuntos del corazón, lo sabrás cuando lo encuentres.*
>
> =STEVE JOBS=

Encontrar el trabajo de tus sueños puede sentirse en ocasiones como una tarea titánica. Esto se debe principalmente a que puede faltarte claridad sobre lo que quieres y lo que no. Antes de iniciar tu búsqueda, es importante hacer un ejercicio de introspección y responder con sinceridad las siguientes preguntas: "¿Qué quiero hacer el resto de mi vida?, ¿a qué estoy dispuesto para lograrlo?, ¿qué me apasiona lo suficiente como para dar mi 150%?, ¿qué me gustaría aprender?, ¿qué quiero aportar al mundo con mi esfuerzo?". Se trata de hacer una radiografía de quién eres tú, de dónde te visualizas en el futuro y qué te ves haciendo.

Suele suceder que por diversas circunstancias de vida, como la necesidad de adquirir recursos, sustentar una familia, pagar deudas, te sientas presionado para encontrar un empleo determinado y olvidarte de lo que quieres en realidad. Buscar sin encender el GPS interno dificulta encontrar la meta, y en consecuencia, te lleva a cargar con el peso de la frustración. Como no hay un objetivo claro y tu visión es borrosa, entras en un círculo vicioso en el que te sientes atrapado, imposibilitado de salir. No te preocupes: si es tu caso, siempre estás a tiempo de escuchar esa voz de la intuición que activará tu brújula interna, y ésta a su vez te guiará hacia tus metas. Disfrutar de tu trabajo, que te apasione, hará que lo veas con otros ojos, desde otra perspectiva: dejará de ser un peso y se convertirá en tu motor diario.

MANOS A LA OBRA

Escribe en papel las siguientes preguntas y respóndelas:

- ¿Qué tipo de trabajo quiero?
- ¿Me gustaría ser director general de alguna empresa importante, recepcionista, maestro, empresario, artista?
- ¿Desearía ser mi propio jefe?

Ten presente lo que anotaste y vuelve a leerlo cada día. Visualízate realizando esa actividad que te apasiona: ésa es la clave para comenzar.

Conócete a ti mismo.

Una vez que tengas claro cuál es el trabajo que quisieras realizar, redacta tu currículum enfocado a ese tipo de empleo, enfatizando las características necesarias para el puesto al que vas a aplicar. Incluye tu experiencia, capacidades, habilidades y demás herramientas que has adquirido con el tiempo.

Es fundamental que sepas quién eres tú, que te conozcas lo mejor posible más allá de tu resumen de vida, para que el entrevistador pueda conocer las características que te harán un elemento indispensable para la posición a la que estás aplicando. En la medida en la que tú creas en tus capacidades, lo proyectarás. Para esto puede ayudarte no sólo la introspección, sino preguntar a tus papás, hermanas o hermanos, amigos y pareja qué fortalezas ven en ti y qué áreas de oportunidad consideran que debes trabajar. Recuerda: conocer todas las facetas de ti mismo te permite tener más seguridad.

Por ejemplo, yo sé que soy una persona responsable, comprometida, persistente, una *doer* nata con amplia experiencia en resolver y hacer que las cosas sucedan. No obstante, también soy consciente de que digo las cosas como son, sin filtros, y de que soy poco tolerante cuando estoy bajo presión (o sea: soy una persona de "mecha corta"), por lo que he intentado moderarme. Reconozco que sí alzo la voz cuando mi nivel de tolerancia se desgasta, lo que llega a ocurrir cuando la gente decide no seguir instrucciones precisas, no hay una línea de comunicación asertiva o se toman decisiones equivocadas, y por ende, hay un efecto dominó y las cosas no salen de la mejor manera. Por eso siempre tengo en el radar la importancia de estar en constante comunicación con mi equipo, trabajando en conjunto para lograr los objetivos.

Por otro lado, te recomiendo que investigues sobre la empresa a la que vas a aplicar, ya que ellos necesitan saber en qué los puede beneficiar tu incorporación. Conoce la compañía, sus metas, su visión y misión. Prepárate para que les brindes la seguridad de que tú eres la mejor elección que podrían hacer.

El lenguaje no verbal es tan importante como el verbal. Siempre ve a los ojos de tu interlocutor, habla con tranquilidad, claridad, seguridad. No te muestres rígido o incómodo, porque estás comunicando que no quieres estar ahí. Al contrario, sonríe, sé amable, colócate en una posición que te permita mover las manos con naturalidad, sin cruzarlas, ni tics nerviosos. Esos detalles hacen la diferencia.

No te desanimes si no te agendan para una segunda entrevista o no obtienes el empleo de inmediato; hay gente que ha enviado más de cincuenta currículums antes de encontrar el trabajo ideal. No desistas a la primera, segunda o tercera: sigue tocando puertas hasta que encuentres el puesto para ti.

Durante mi búsqueda laboral llegué a una agencia de relaciones públicas. Ya había trabajado con Luis Miguel y con David Copperfield, por lo que estaba segura de que me contratarían. Emocionada mandé mi currículum, y me llamaron para una entrevista. Recuerdo perfectamente que quien me recibió tenía los pies arriba del escritorio. Su actitud descortés me causó una mala impresión, pero en ningún momento lo reflejé, aun cuando me veía con ojos de "esta niñita qué nos va a aportar de experiencia". La reunión no resultó como esperaba y salí cabizbaja. No me contrataron por prejuicios, pero eso no me detuvo; yo sabía mis capacidades y lo que podía aportar. Años después, la vida me demostró su sabiduría cuando fui yo quien tuvo que contratar a esa persona como mi proveedor para el lanzamiento de Fox Sports. Al verlo, le recordé la entrevista y nos reímos.

La vida es así: irónica, da muchas vueltas, nunca sabes a quién te vas a encontrar y por qué no obtienes un trabajo determinado. Toma acción. Conoce tu valor. Te aseguro que en el momento que decidas buscar lo que te apasione, el camino te guiará a donde debes estar.

Más allá del trabajo

> *El gran secreto para obtener lo que quieres de la vida es saber lo que quieres y creer firmemente que lo puedes alcanzar.*
>
> =NORMAN VINCENT PEALE=

El *éxito* puede ser interpretado de distintas maneras. Para mí, ser exitoso equivale al equilibrio que logras entre la vida personal y profesional. Significa dedicarte a lo que te apasiona, dejar una huella en tu entorno y tener clara tu misión de vida.

Todos tenemos talentos, pero no todos estamos dispuestos a pasar por el fuego de la transformación para entenderlos, aceptarlos y trabajar por ellos. Ser exitoso bajo estas premisas requiere un trabajo arduo, que solamente es posible cuando se ama lo que se hace.

Relacionarme con muchas personas, compartir mis conocimientos, ser creativa, resolver desafíos, dictar conferencias, impartir un coaching, hacer que las cosas sucedan es para mí tan necesario como respirar. Por eso me siento afortunada de mi trabajo, porque es mi vida, es lo que soy. No lo hago por dinero, sino porque me apasiona y me da felicidad. Gracias a cada una de mis decisiones, hoy tengo la fortuna de dejar un legado a otras personas en el mundo de las relaciones públicas con este libro, con mis conferencias, con los consejos que doy en la radio, en las redes, en los artículos que escribo y por televisión. Es un honor ser una mujer que logra todo lo que se propone y que me conozcan por ser Toni Torres, un ser humano que equivale a confianza, reputación, credibilidad, compromiso y respeto. Sin importar mis equivocaciones y grandes tropiezos, aquí sigo, demostrando que mi marca personal ha dejado huella y se fortalece todos los días.

Es un orgullo ver los frutos de mi trabajo y poder decir que tengo clientes y amigos de muchos años con los que cuento en caso de necesitar algo. Por ejemplo, recientemente un grupo de profesionales que viajó a un evento de uno de mis clientes estuvo a punto de perder su vuelo de regreso, debido a una logística mal planeada, la toma de una decisión errónea y la falta de comunicación en el equipo. Para resolverlo tuve que hacer una llamada a mi contacto en el aeropuerto para pedir apoyo, con lo que logré que los esperaran y que llegaran sin problema a su destino. Así como este caso, ha habido muchos otros en los que, gracias a un contacto, se han podido resolver un sinfín de desafíos.

——————— TIEMPO DE REFLEXIÓN ———————

Piensa en qué es el *éxito* para ti. Escribe por lo menos tres factores que contribuyan a él. Revisa constantemente lo que escribiste, y reescríbelo si lo consideras necesario, para que siempre recuerdes tus metas, objetivos y sueños.

En muchas ocasiones, el éxito se confunde con el dinero. Tener estabilidad económica puede darte una vida cómoda, pero no determinará si eres feliz. Eso dependerá de que logres estar bien contigo mismo, cristalices tus sueños, alcances tus metas, superes los desafíos, disfrutes de momentos con tu familia y amigos. En una frase: de que disfrutes la vida en su totalidad.

La existencia es efímera, y no sabes qué seguirá o qué pasará después. Por eso sazonar todo con los ingredientes de la *actitud* y la *pasión* te llevará a construir un legado y a no quedarte en la rayita. Sé que lo puedes lograr aplicando lo que te he compartido hasta ahora o, al menos, puede ser un comienzo. Lo más importante es que seas consciente de lo que quieres y tomes acción.

CREE EN TI.

Se vale pedir ayuda. Si estás confundido, tienes algún problema o te han surgido dudas de cómo continuar en el camino que has decidido emprender, pide ayuda. Otra vez: *se vale*. Nadie nació sabiendo todo. La vida es un constante aprendizaje. Si lo necesitas, acércate a alguien en quien confíes y pregúntale. Seguramente te dará un consejo o aparecerá una luz donde no la habías visto antes, y todo se aclarará. Depende de ti.

El libro de tu vida

> *Si abandonas la idea de que tu voz puede marcar la diferencia, otras voces llenarán el vacío.*
>
> =BARACK OBAMA=

Nada es permanente; estamos aquí de paso. Sin duda alguna, el covid-19 puso al mundo entero en una pausa obligatoria y nos vino a dar grandes lecciones de vida. Una de ellas fue recordarnos la importancia de la salud, tanto física y emocional como espiritual.

Cada amanecer es una oportunidad para agradecer y escribir un capítulo de nuestra historia. No podemos borrar nuestro pasado, pero podemos vivir nuestro presente con más consciencia. ¿Cómo te gustaría que te recordaran?, ¿qué estás haciendo *hoy* para ser una mejor versión de tu persona?, ¿cuál es el papel que desempeñas en tu vida? La intención de que reflexiones acerca de estas preguntas es que te des cuenta de que tú eres el único que tiene las respuestas, ya que eres el personaje principal del libro de tu vida. Con tus acciones, logros, fracasos, sueños y actitudes vas escribiendo cada capítulo. Cada uno tiene, crea y cuenta sus propias historias con base en sus experiencias.

Al nacer recibiste un nombre, que es tu sello, tu letrero ante el mundo, tu tarjeta de presentación inherente a tu identidad. Sin embargo, recuerda que éste *no te define*; lo que te define es tu carácter, personalidad, actitud, valores y pasiones. No existe un ser en todo el planeta igual a ti, por lo que tu historia es *única*.

Posiblemente más de una vez has pensado que viniste a esta vida sólo a sacrificarte, a sufrir, a experimentar dolor, pero ésa no es la realidad. Si bien a lo largo de nuestra estadía en este mundo todos pasamos dificultades, padecemos enfermedades, la pasamos mal por problemas económicos o por cualquier otra circunstancia que se nos presente, la vida no es un constante sufrimiento y agonía. La vida tiene matices, colores, y cada uno de nosotros tiene la opción de pintarla como más le guste y prefiera. Tú eres el dueño de tu propia historia. Si realmente quieres cambiarla, tienes que empezar por ti.

Si quieres cambiar el mundo,
cámbiate a ti mismo.
Mahatma Gandhi

TIEMPO DE REFLEXIÓN

Imagina que entras a una gran librería. Recorres los pasillos, tocando los libros que se encuentran en los anaqueles. Cada uno tiene escrito en el lomo un nombre: son las personas que han vivido en el planeta. Dentro puedes leer su historia, sus logros, alegrías, sueños... Toma uno, el del personaje que más admiras. Ábrelo y empápate de sus éxitos, sintiendo la emoción de sus triunfos, del camino que lo llevó a ser un agente de cambio, a vivir en equilibrio, trascender y dejar huella.

Ahora, imagina que ya no estás en esta tierra y la persona que admiras entra a ese lugar. Él o ella estira la mano hacia los estantes y agarra el tomo con tu nombre. Lo hojea, y se muestran páginas en blanco: una vida vacía, sin sueños. ¿Qué sientes? ¿Vergüenza, decepción, melancolía, arrepentimiento, enojo, frustración, miedo? Intenta detectarlo. Respira profundo y suelta esa emoción.

Termina repitiendo en voz alta: "A partir de este momento, haré todo lo posible y necesario para cristalizar mis sueños. Tengo la voluntad, capacidad, talentos, oportunidades y todo para lograrlo. Depende de mí y de nadie más".

¿Qué estás esperando para soñar, amar y atreverte a escribir tu propia historia?

Siempre hay una luz al final *del túnel*

13

A veces la vida parece un túnel oscuro sin luz al final, pero si sigues avanzando, terminarás en un lugar mejor.

=JEFFREY FRY=

Escribir este último capítulo me ha tomado mucho tiempo. No es fácil cerrar un libro, y menos en circunstancias difíciles. Antes de dar ese punto final, quiero comenzar con un recuerdo doloroso que significó una gran lección de vida para mí.

En 2006, cuando cumplía uno de mis más anhelados sueños, el de trabajar en un Mundial de Futbol, recibí una llamada que me paralizó por completo y cambió el rumbo de mi vida: mi mamá estaba grave de salud y debía regresarme desde Alemania a Tijuana.

Estaba en medio de la nada, buscando junto con el equipo de comentaristas de Televisa dónde podíamos cenar algo. Acababa de terminar el partido México-Argentina en Leipzig. Como tenía gafete de la FIFA de todo acceso, había decidido quedarme hasta el final del Mundial. Por sugerencia de mi mamá y por cuestiones de logística, me hospedé en Praga, donde en ese momento se encontraban mis maletas.

Gracias a Francisco Javier González, comentarista de Televisa que me apoyó en todo momento, pude comunicarme con mi papá. Aún recuerdo sus palabras: "Hijita, tu mami está muy orgullosa de ti". Afortunadamente un día antes había hablado con ella por teléfono; ésa fue la última vez que escuché su voz. Si algo he aprendido es a actuar en el momento y no dejar las llamadas para otro día.

El trayecto de regreso fue *eterno*. Tuve que esperar parada frente a un enorme reloj de la estación en Leipzig para subirme en el primer tren hacia Praga. Estuve desde las doce de la noche hasta las seis de la mañana estática y sin saber qué hacer. Todo el trayecto lo hice para recoger mis maletas y mi computadora.

El universo no se equivoca, y muchos años después comprendí todas aquellas señales que se pusieron en mi camino y a las que no presté atención. Desde entonces, observo *cada señal* que la vida me manda. La primera fue que mi hermana me sugirió llevar mi visa americana; por supuesto, le dije que iba a Europa y que no la necesitaría. La segunda, que mi vuelo de regreso era para el 16 de junio, y mi mamá se puso delicada en esos días. La tercera, que aunque había reservado el hotel para siete días, no desempaqué.

Gracias a mi hermana por elección, mi querida Alma García, pude salir de Alemania. Ella me ayudó a comprar los vuelos. El trayecto a Praga fue de cinco horas. Llegando a la estación me fui en taxi al hotel, subí por mis maletas y, llorando de desesperación, partí al aeropuerto para tomar el vuelo a Toronto, debido a que, por no llevar mi visa, no podía volar vía Estados Unidos. En

Canadá cambié de vuelo para viajar a la Ciudad de México, donde dormí y tomé el primer avión a Tijuana.

Las horas pasaban mientras seguían presentándose en mi mente miles de imágenes de mi mamá. Lo único que le pedía a Dios es que me permitiera despedirme de ella. Después de casi 28 horas, llegué al hospital. Sé que ella supo que estaba ahí: su rostro cambió. Mi mami ya no reaccionaba, sin embargo, al partir envió una señal que atesoro por siempre en el fondo de mi corazón. Ésa fue mi *gran oportunidad*: moví cielo, mar y tierra para llegar, y lo logré.

Un año después de su muerte, me regresé a vivir nuevamente a Tijuana con prácticamente veinte pesos en la bolsa. En ese momento, sentía que mi vida en la Ciudad de México había dejado de tener sentido. Decidí empezar de cero: abandonar mi posición en la capital para mudarme cerca de mi papá, mis hermanas y mi sobrino. Tomé ese cambio como una oportunidad para arriesgarme, para reencontrarme conmigo misma, para reinventarme, aunque no tenía muy claro qué iba a hacer. Había perdido a mi madre y, por un instante, también el rumbo.

Durante mi duelo, me regalaron el libro *Volver a lo básico*, de Jaime Jaramillo, mejor conocido como Papá Jaime. Marcó mi vida. Al terminar de leerlo, busqué al autor inmediatamente. Le mandé un mensaje y le dije que viera mi página web, que si le daba confianza, me llamara. Así fue como un par de días después recibí su llamada, lo invité a Tijuana para que impartiera una conferencia, y él accedió.

Para llevar a cabo este sueño, compartía con mucho entusiasmo la historia de Papá Jaime. Era mi gran oportunidad para volver a empezar con el pie derecho. Afortunadamente ya tenía una

trayectoria, un prestigio, una marca personal y una sólida reputación que me avalaban. Había construido mi credibilidad. Cada
día se abrían y abrían más puertas. Recordé el valor de la palabra.
Tomé el riesgo de traerlo sin que absolutamente nadie lo conocie-
ra. Me uní a un grupo de mujeres; conseguí entrevistas; presenté
su video en los foros más importantes; armé un plan de relaciones
públicas y un *tour* de medios; conseguí patrocinadores. El resultado: lleno total, éxito rotundo. Las puertas se tuvieron que cerrar
porque no cabía un solo alfiler en el auditorio. Así fue como vi cristalizado un sueño más.

Una vez probada la fórmula, me arriesgué a traer a Yohana
García, autora del *bestseller Francesco: una vida entre el cielo y la
tierra*. Este libro me ayudó a cerrar el ciclo de la muerte de mi
mamá. De estos dos eventos, mi mayor ganancia ha sido conser-
var la amistad de Papá Jaime y de Yohana.

Durante el *tour* de medios y promoción de las conferencias, la
propietaria en aquel entonces de un canal de televisión por cable,
al ver mi entusiasmo, cómo me desempeñaba y mi actitud, me invitó a participar con mi propio programa.

100% Actitud. ¡La llave para la vida! estuvo al aire durante dos
años por Síntesis TV. Allí tuve la fortuna de entrevistar en vivo a
cientos de héroes anónimos que inyectaron a la audiencia de actitud. Hoy agradezco haber tenido la maravillosa oportunidad de
aprender de mis invitados, de la producción y haber disfrutado
de estar a cuadro. Descubrí algo nuevo de mí en cada programa.

Además, conocí a Grace, un ángel terrenal, mi entrenadora
de vida, quien me dio más herramientas de las que ya había adquirido con el tiempo y con la lectura de Norman Vincent Peale,

Napoleon Hill, Og Mandino y otros autores. También desarrollé e impartí conferencias, y di asesorías, consultorías y mentorías cada vez con mayor frecuencia. El conjunto de todos esos elementos hizo que mi luz interna saliera a relucir con mucha más potencia.

El programa dio lugar a las conferencias y la producción de eventos. Redescubrí una nueva versión de mi persona, una mujer más creativa, más empática, más dinámica, más madura, con mejor actitud, con ansias de compartir a muchas personas sus conocimientos y experiencias, con la única intención de ayudarles a encender su GPS interno, para que descubran y encuentren el sentido y propósito de sus vidas. Confirmé que mi presente es resultado de mis decisiones, y que he desarrollado la claridad para elegir y aprovechar las oportunidades que la vida me ha ofrecido, y actuar en pro de mis objetivos.

Más de una década después, prácticamente ya había terminado mi libro cuando la vida me dio otra lección que cambió mi rumbo por completo. El título de este capítulo resonaba constantemente en mi cabeza, por lo que decidí compartir lo que vivimos mi familia y yo los últimos meses del año 2020, con la única intención de que tengas en mente que, a pesar de los tragos amargos, los momentos de incertidumbre, de angustia, o los desafíos que la vida te presente, *siempre* hay una luz al final del túnel.

Recuerdo perfectamente que estaba en la Ciudad de México, en un evento, cuando la Organización Mundial de la Salud declaró oficialmente la pandemia de covid-19. Nadie imaginó su llegada ni tenía idea de lo que nos esperaba. Tan es así que, al día siguiente, me fui con una amiga a ver el último concierto en vivo que dio, en el Auditorio Nacional, mi querido Alejandro Fernández.

Después de eso, el mundo entero se sumergió en incertidumbre, angustia, pánico: no existía certeza alguna de lo que pasaría. Conforme los meses transcurrieron, nos fuimos adaptando a un nuevo estilo de vida: el uso de cubrebocas, gel, desinfectantes, lavado de manos, encierro, comunicación por videoconferencias... Todo, *absolutamente todo*, cambió. Sin duda alguna, el efecto dominó se empezó a hacer presente cada vez más: padres desesperados, incremento de muertes, negocios quebrados, ansiedad, depresión, estrés, miedo... Por mi mente se cruzaron todo tipo de pensamientos. Por supuesto que me sentía vulnerable ante tanta información que bombardeaban las redes. Aun hoy seguimos sin encontrar respuestas a muchas de nuestras preguntas y aprendiendo a ser resilientes.

Sin embargo, no todo fue color negro. A pesar de lo que estábamos experimentando, pude reactivarme, reinventarme y sobre todo convivir con lo que más atesoro: mi familia. Salir "invictos" de infectarnos se convirtió en el pan de cada día. Me sentía como si estuviera en un maratón, donde librarnos del covid era la meta.

Desafortunadamente, en octubre de 2020 llegó la enfermedad a casa. Marissa, mi hermana, se había infectado, y un mal diagnóstico (el doctor le dijo que sólo tenía una infección en la garganta) agravó su estado de salud, más complicado porque ella tiene también lupus y fibromialgia. Era un sábado por la mañana cuando empezó el viacrucis. Afortunadamente, la vida no se equivoca: mi sobrino Santiago estaba de visita en la ciudad. La primera semana él se hizo cargo de atender a su mamá, le daba las medicinas y estaba atento a lo que pasaba. En una de las visitas que hicimos mi hermana Alejandra y yo, pude intuir que las cosas no estaban bien, por lo que le pedí a Ale que se mudara con Santiago y su mamá para apoyar en lo que fuese necesario.

Mi intuición resultó correcta, e inmediatamente tomamos cada uno nuestro rol para que Marissa pudiera salir adelante. Una vez más, la vida me ponía una misión imposible para solucionar. Trabajar en equipo y apoyarnos en cada momento hicieron que esta experiencia fuera menos amarga. Levantar el teléfono para pedir ayuda fue la clave para conseguir, en el pico más alto del covid-19, todo lo que se requería (entonces había escasez de medicinas, tanques de oxígeno, concentradores y otros insumos). Activé mi modo *doer* al mil por ciento: conseguí con mis contactos y amistades todo lo necesario para montar un hospital en casa de mi hermana. Los días pasaron, y los médicos no nos daban esperanza: el diagnóstico era crítico. La tomografía indicaba que clínicamente la Puchis, como cariñosamente le decimos a Marissa, debía estar literalmente tres metros bajo tierra. Nadie podía dar crédito de que siguiera viva. Sus ganas de vivir, su actitud, el amor de la familia, las serenatas de Santiago, las medicinas, los médicos, las meditaciones, las porras de sus amigos fueron factores que sin duda contribuyeron de manera favorable a que saliera adelante, después de estar 22 días en casa y tres en el hospital.

No terminábamos de cantar victoria cuando, después de hacerse unos estudios en el hospital por revisión de salud, recibimos el resultado de que mi papá se había infectado. Era lo que yo más temía, que él se enfermara. Quienes me conocen saben que soy, en el tema de salud, la más aprensiva. De cierta manera estaba "tranquila", porque mi papá se encontraba "estable" en su casa. Reactivamos nuestros roles para conseguir las medicinas, llamar a los doctores y demás actividades de cuidado. Ale nuevamente se convirtió en la enfermera estrella y se hizo cargo de papá. Verlo en su balcón hablando con sus amistades, viendo YouTube, mandando videos por WhatsApp, me alegraba el día, hasta que un domingo por la tarde su oxigenación comenzó a desestabilizarse, y en un abrir y cerrar de ojos, el panorama cambió por completo.

Hablé personalmente con su médico de cabecera. Recuerdo haberle preguntado: "¿Si fuese tu papá, lo internarías?", a lo que me respondió que sí, por su cuadro clínico de salud. Ese día lo llevó Ale: era 8 de noviembre. Afortunadamente, pudimos mover una palanca y nos permitieron tener a nuestros enfermeros dentro del hospital. Mi papá estaba en constante comunicación con nosotras, lo que de alguna manera me daba algo de tranquilidad relativa.

En la madrugada del día 12, mi papá me mandó una felicitación de cumpleaños, donde me daba la bendición, me decía lo orgulloso que estaba de mí, de mis hermanas y de mi sobrino. Me quedé muy inquieta, por lo que le pedí por favor a Miguel, nuestro enfermero estrella, que pasara a visitar a mi papá después de su turno en otro hospital. Bien dicen que el universo pone a las personas donde deben estar. Justo llegó Miguel a la habitación de mi papá cuando le estaba dando un espasmo pulmonar. Lo atendió de urgencia, lo estabilizó, y de ahí en adelante las cosas se fueron complicando. Nos marcó por videollamada a cada una de nosotras y a mi sobrino para despedirse. Mis hermanas y yo seguíamos un poco incrédulas de lo que estábamos viviendo en ese momento.

A partir de ese día, nuestras vidas dieron un giro completo. Recobré un poco la fe y rezaba todas las noches. Mi hermana Ale recibía todos los días la llamada del doctor para saber el estatus de la salud de papá. Admiro y le agradezco desde el fondo de mi corazón su entereza, templanza y fortaleza, porque sé que no fue nada fácil para ella.

Vivimos una montaña rusa de emociones, desde la incertidumbre, alegría, enojo, llanto, angustia, compasión, gratitud y ansiedad hasta la tranquilidad, paz y aceptación. Los amigos rotarios de mi papá, mis amigas, familiares, amistades de la familia y hasta desconocidos hicieron desde su trinchera lo más que podían: rezar, enviar buenas vibras y sanaciones, acompañarnos y contenernos. Mi papá pasó de "estar bien" a tener puntas de alto flujo, a ser intubado, operado de divertículos, a recibir una traqueotomía, a tener infecciones y llagas, hasta que su cuerpo no dio más y, el 10 de diciembre, partió de este mundo. Fueron 33 días que estuvo internado, luchando como un guerrero.

Esta pérdida marcó nuevamente nuestras vidas. En lo personal, agradezco a la pandemia que me permitiera tener vivencias inolvidables con mi papá. Recuerdo que en repetidas ocasiones me decía: "Hijita, si me llega a pasar algo, me quedo muy tranquilo, porque las veo realizadas y el chamaquito ya está encarrilado". Tuvimos la gran fortuna de contar con un padre, esposo y abuelo entregado, amoroso, sabio, compasivo, inteligente, divertido, pero sobre todo un ser extraordinario con una calidad humana invaluable.

Papá: tu voz se quedará por siempre en mi mente; tu amor en mi corazón; tu sonrisa en mi alma, y tu ser estará presente todos los días de mi vida.

El universo y su plan maestro

Una de las grandes lecciones de mi papá fue enseñarnos a seguir adelante con toda la actitud y con la frente en alto. La vida sigue. De esta experiencia dolorosa rescato muchas cosas positivas: agradezco que mi hermana se haya enfermado, porque eso permitió que mi sobrino (que vive en Guadalajara) pudiera convivir con su abuelo sin saber que sería la última vez que lo haría, y también que mi Pa se haya ido en paz. No todo es tristeza.

A unas semanas de su partida, viajé con mi sobrino a Guadalajara. Era plena época navideña y, después de 54 días de vivir la experiencia de mi hermana y mi papá, decidí irme de viaje a un destino de playa. Estaba entre Xcaret y Puerto Vallarta. Le escribí a Justino, uno de mis mejores amigos desde hace más de treinta años, para preguntarle dónde estaba, y me dijo: "Aquí en Puerto Vallarta. Vente, amiga, te invito a pasar la Navidad con nosotros en familia". Hice mi maleta, reservé y me lancé el 24 de diciembre. Esa noche conocí a Mayki, un hombre inteligente, apuesto y sobre todo con una filosofía muy parecida a la de mi padre. Pasamos juntos unos días increíbles. Estoy segura de que mi papá me lo mandó. Él solía decirme: "Pica, pica hasta que veas la luz", y así fue: a pesar de estar en pleno duelo, me di la oportunidad de abrir mi corazón. Aun sintiendo dolor, con mi alma rota, tengo mi corazón que palpita de felicidad, de gratitud y de gozo. Mi socio de vida me brinda mucha paz y tranquilidad. Me siento plena, realizada, enamorada y bendecida.

Muchas veces nos abruman tanto las situaciones que no vemos la luz; sin embargo, algo que me ha funcionado para poder tener claridad es ver, desde otra perspectiva, lo que estoy viviendo. La claridad nos permite avanzar y soltar lo que no nos pertenece.

Hay momentos en los que la vida nos hace recordar quiénes somos por nuestros valores y creencias. El reinventarme, el amor, la tolerancia, resiliencia, aceptación, paciencia y actitud hicieron toda la diferencia en este proceso que viví.

Cierro este libro sumamente agradecida con mis padres, mis hermanas, mi sobrino, mis amistades, mis tías, mis tíos, mis maestros, mis ángeles terrenales, mi pareja, mi nana, con toda la gente que he conocido a lo largo de mi vida, con Dios, el universo y contigo, recordando que *la vida es un instante, y ese instante es ahora*.

Confío en que las experiencias, conocimientos, consejos, recomendaciones, aprendizajes, reflexiones y actividades que están plasmados en estas páginas aporten algo nuevo a tu vida. Me siento sumamente afortunada y agradecida de que te hayas regalado el tiempo para leerme. El balón está en tu cancha: en ti está detonar el botón para hacer que las cosas sucedan, cristalizar tus sueños y construir tu marca personal.

POR ALGO SE EMPIEZA... EMPECÉ CREYENDO QUE SÍ PODÍA Y LO LOGRÉ.

Agradecimientos

Quiero expresar mi más sincero agradecimiento a María Antonieta, mi niña interior, por haber sido mi guía y fuerza a lo largo de este proceso de escritura. Reconectar con ella me ha permitido ser más compasiva y amorosa con mi persona.

A mi adorado padre Toño, a quien honro a través de estas páginas. Gracias, papá, por tu amor incondicional, sabiduría y enseñanzas que me siguen guiando por este camino de la vida. Te extraño todos los días.

A mi mamá Coyo por haber sido un gran ejemplo de fortaleza y actitud. Gracias, mamá, por enseñarme que, a pesar de cualquier situación, una sonrisa marcará la diferencia. Sigues tan presente con esa admirable actitud que te distinguía.

A Marissa, mi hermana, una madre admirable, una gran profesionista, una excelente compañera de viaje, una hermana excepcional, pero sobre todo un ser humano con un gran corazón. Gracias, Puchis, por todo tu amor. Te admiro y adoro.

A mi adorada hermana Ale, quien ha sido un pilar importante en nuestras vidas. Gracias, hermanita, por tus enseñanzas, amor, paciencia, consejos y, sobre todo, por siempre ver por tu familia. Eres un ser maravilloso. Sigamos riendo y disfrutando juntas. Te amo.

A mi sobrino Santiago, mi gran maestro y asistente estrella. Gracias, Santiago, por ser mi compañero de viajes; no solamente me acompañas físicamente, sino a través de las canciones que plasmas con tu hermosa voz. A pesar de todos los desafíos que la vida te ha presentado, has aprendido a salir adelante. Tienes un largo camino por recorrer, y estoy segura de que este libro, tus conocimientos y tu guitarra serán excelentes compañeros de vida. No tengo la menor duda de que cumplirás todos tus sueños. Te adoro y admiro, chamaco.

A mi socio de vida Mike Zarebski, gracias por estar a mi lado en los momentos difíciles, por sacar del cajón a mi niña interior, por ser mi compañero en esta aventura, por tu paciencia, por tus enseñanzas y, sobre todo, por tu amor incondicional. Te amo.

A mi familia por creer en mí y llevarme de la mano. A mis amigos por sus consejos, amor y tantos momentos mágicos que hemos vivido.

En especial, agradezco a Rosalba Correa por su paciencia, y guiarme con su experiencia para lograr plasmar mis pensamientos. A Yohana García por impulsarme a escribir. A todas y cada una de las personas que contribuyeron, que me inspiraron y participaron de alguna manera en este proyecto; cada uno de ustedes hizo posible cristalizar tan anhelado sueño. Todos son una pieza importante. Les agradezco de corazón su tiempo, esfuerzo, profesionalismo, entrega y confianza.

A ti, lector, que has elegido leer estas páginas que serán una fuente de inspiración para tu vida.

GRACIAS a Océano, mi casa editorial, por creer en mí y en la fuerza de mis palabras plasmadas en este libro.

Esta obra se imprimió y encuadernó
en el mes de febrero de 2023,
en los talleres de Diversidad Gráfica S.A. de C.V.,
Privada de Av. 11 No. 1, Col. Vergel,
C.P. 09880, Iztapalapa, Ciudad de México.